세계시인선
09

슬픔의 속도

샤오샤오
박재우 역

서정시학

그대 10만 배의 속도로 즐거워져
해묵은 망상과 족쇄를
목에서 떼어 버릴지니

그대 연옥의 창가에서 눈 뜰 때
심호흡 한번으로 자신의 핏줄
영혼 깊은 곳 가장 미세하고 진실한 파동을 어루만지니

― 「영혼을 향한 고백」 부분

슬픔의 속도
憂傷的速度

샤오샤오潇潇 지음

박재우 옮김

서문

알지 못하는 사이에 국내외에서 이미 여러 권의 시집이 출판되었습니다. 이번에 저의 시집을 한국어로 출판하는 데 있어 저명한 중국문학 학자이자 번역가이신 박재우교수님의 요청으로 서문을 쓰게 되었습니다.

그리고 이제서야 이것이 제가 제 시집을 위해 쓰는 첫 서문임을 깨달았습니다. 무슨 말을 해야 좋을까? 나는 지금까지 줄곧 시인으로서 자신의 생각을 가장 잘 표현하는 방법은 자신의 시라고 생각해 왔습니다. 한 시인을 이해하고 인식하려면 가장 좋은 방법은 그 시인의 시를 읽는 것일 터이니까요.

이 서문을 완성하기 위해, 그리고 박재우교수님께서 친히 이 시집을 번역해 주신 데 대한 저의 감격스런 마음을 표현하고, 또 시집을 출판해 주신 최동호 시인님께 경의를 표현하기 위해 2013년 중국시 제5차 원이둬聞一多 시가상을 받았을 때의 제 소감을 인용하고자 합니다. 이는 감사한 마음의 표시이며 이로써 서문에 갈음하고자 합니다.

  어떤 소리는 우리의 상처를 찢어지게 하고
  어떤 소리는 우리의 상처를 영원히 아물지 못하게 합니다.
  저는 직접 이 상처 위에 서서
  저를 드러내고, 유약함을 표출하며, 편협함, 음울함, 괴팍함, 의지할 데 없음, 외로움, 그리고 작은 분노들을 표현하고자 합니다.

  이 조그만 상처로 인해
  저는 영원히 치유를 나타낼 수 없고, 영원히 성숙을 드러낼 수 없습니다.
  저는 고독함으로 자위하고
  고통으로서 자위하려고 합니다.
  단지 고통으로서 자위할 수밖에 없습니다.

  왜냐하면 고통은 그 밤 저에게 빛을 주었고,
  그 12월 추운 밤 바닥에 누워 솜 이불을 끌어 안으며 제 몸의 온도를 느끼게 했습니다.
  상처는 몸의 한 구석에서 소리칩니다. 저에게 답을 주는 것입니다.
  저의 상처는 비할 데 없이 고통스럽습니다. 그렇지만 그 상처의 심연에는 도달할 방법이 없습니다.

저는 줄곧 고통이 어떤 색깔이고 그 진실된 맛은 어떤지 알지 못합니다.

또 그 날 밤, 고통은 저의 자신감을 가져가 버렸습니다.
또 그 날 밤 이후 고통은 또 여명을 가져다 주었습니다.
만약에 당신이 새벽에 차갑고 고요한 길 위에서 과거의 그림자를 보게 된다면, 그것이 바로 저일 것입니다.
저는 저의 세 번째 다리를 팔아버렸습니다. 네 바퀴의 자동차와 상처의 고통이 공중에서 암흑으로 하여금 녹이 슬게 하라고 외칩니다.
저는 상처의 고통 속에서 어지러우면서도 유쾌합니다.

상처는 믿을 수 있습니다. 상처는 저에게 경고를 하고 제안을 합니다. 상처는 영원히 저를 저버리지 않는 애인입니다.
그러므로 저는 고통에 대해 감사하고 상처에 대해 감사하며, 그 목소리에 대해 감사합니다.
이렇게 말하면 여시인의 투정일까요?
이러한 투정은 우리의 상처를 갈수록 더 가렵게 하고, 이 목소리는 제 마음 속에서 갈수록 더 가려워집니다.

만약에 시인을 하나의 상처라고 한다면
그러면 저는 여시인은 바로 상처 속의 붉은 눈동자라고 말할 것입니다.

기실, 상처는 하나의 습관입니다. 상처는 저에게 습관 들고 저는 상처에 습관 들었습니다.

지하철, 혼잡함, 사무실, 타이완 리산梨山차, 회의, 야근, 헌정 마라탕, 민주 칼국수, 방 열쇠, 닭 염통 볶음, 호박죽, 증시 불고기, 충전기, 컴퓨터 고장, 가스등, 인체 폭탄, 공기 습도 95%, 날씨의 분열증, 잠 못 이루는 밤, 불능의 성애, 7월 반의 소자─, 저는 지금 막 시 한 수를 쓰고 있는데, 시의 이름은 「나를 속여 보시게나」입니다.

한편으로 시의 거울이 제 영혼의 초상을 비추어 줍니다.

시에 감사하고 저의 시 선배와 시 친구들의 사랑, 그리고 제 시의 자구 사이와 행간에서 헤엄쳐 다니는 눈빛들에 감사드립니다.

중국과 한국의 시를 위해 수고를 아끼지 않으신 한국 번역가와 시인, 편집자, 학자들께도 감사드립니다.

격려와 지지를 보내주신 시가의 장에 계신 모든 분들께 감사드립니다.

2019년 11월 5일, 베이징에서
샤오샤오

내 마음속의 서울

서울은 제 마음속에서
한 나라의 수도가 아니에요
예를 들면 베이징, 도쿄, 한성漢城 같은

서울은 제 이국타향의 연인이에요
얼굴에 스쳐오는 부드러운 위로, 맑은 향내
긍지와 부끄러움도 머금고 있는

인사동의
구불구불한 골목마다, 화초
식물, 시인술집——
귀천歸天, 길거리 예술가, 나그네

저와 어깨를 스치며 지나가는 작은 따스함
가만가만 저를 매료시켜요
여러 해 동안 마음속 고이 간직한
연정처럼, 짙은 향내를 내뿜으며

2017년 10월 22일 밤

서울에서의 첫날밤

홀연히 초행길 왔네
서울에서의 첫날밤
낭비할 수야 없지

시인들은
얼굴에 봄바람이 가득한 위짜이퍄오雨幸朴[1]를 따라
인사동에서 노닐었네

북경에서 신고 온 하이힐
서울의 골목을 뚫고 다니자니
발이 좀 걸려

한 가게 앞에서
손짓으로
수놓은 가벼운 신발 하나 샀네

길 위를 걸으니

---

1) 박재우朴幸雨 이름을 뒤집어 쓴 중국식 표현 "비가 막 흩날리고 있다"
는 의미가 된다.

갑자기 자유로워지고
몸과 마음이 가벼워져

길거리 여성 예인의 노래 소리
마치 서울의 밤바람처럼
내 치마를 불어 올리네

마음에 파고들어 촉촉이 적셔
그녀에 가까이 다가가 허리를 굽혀
살며시 한국 돈 한 장 놓았지

걷고 또 걷는데
나무 아래의 바이올린 소리
시인들 걸음을 멈추게 하네

이 뜻밖의 자연의 소리는
깡마른 노인의 손에서

나왔으니

경건하고 경외스러워져
거기에 자그마한 마음 더해
그와 나무 아래에서 사진을 찍었네

이 이국 풍정의 첫날 밤
바람은 부드럽고 낙엽은 가벼워
나의 근심 또한 가벼워지네

2017년 10월 25일

차 례

저자 서문 | 4
서시 | 8

제1부 접혀진 시각

낮은 곳의 찬란함 —바오투취안에게 | 21
천장터의 새벽 | 23
인계 | 24
장난江南을 끌어 안으며 | 26
이 세계의 불완전함 | 30
절취한 구절들의 연시(단시 23수) | 32
나의 아프리카 | 44
영혼의 나무 아래 | 46
오직 영혼만은 아무 가진 것이 없네 | 47
배반 | 49
영혼에 의해 추격당한 사람 | 50
금생에 만남은 | 52
여러 해 뒤에 | 53
마음·공허 | 55
사랑은 다른 곳에 있네 | 57
그녀의 강물 | 59

제2부 흔들리는 맛

어느 때, 단어 하나 | 63
내가 빚진 그대 –하이쯔海子에게 | 64
나의 쓰촨四川, 나의 고향 | 65
내 시에는 독이 있어요 | 66
찌르는 듯한 아픔의 스노 레오파드 | 68
기다림 | 70
최고급 자고차 | 72
흔들리는 시 | 74
언덕岸–L형에게 | 77
시가 반 개피 | 79
감사 | 81
바쁨 | 83
몸 속의 매 – 높은 곳에서 친구와 함께 울부짖는 매를 감상하며 | 84
흩어져 떨어지는 별들 –심해深海 포도주에 대한 경외 | 86
코언의 노래 소리 들으면 마음이 찢어지려 해 | 87
한 방울로 혼을 불어 넣네 | 89
매년 이 날 | 91
가을 깊은 곳의 여동생 | 92
속빈 사랑 | 93

제3부 구부러진 소리

이 월의 어느 날 밤 | 99
영혼을 향한 고백 | 100
티베트, 옴마니반메훔 | 101
나를 속여 보시게나 | 102
비극적인 배역 | 104
상처받은 나비 | 105
슬픔의 속도 | 107
슬픔보다도 더 슬픈 —반더루이班得瑞에게 | 108
시후西湖, 영혼의 거울 | 109
단교斷橋, 부서진 마음 | 111
마음속의 레이펑탑雷峰塔 | 112
치앙羌, 그리고 구름송이 —베이촨北川 지진 유적지의 전설 | 114

황사 폭풍 | 116

그것의 세계 | 118

도화살 | 120

당신을 위해 시를 읽어요 -중환자실에 계신 아버지께 | 121

청두成都의 시단 강호 | 126

삶을 감시하고 있네 | 128

비통 파괴범 -한 시대의 신화 | 130

아픔 | 133

성탄절날 중렌仲廉 시형詩兄께 | 135

나는 누구인가 | 137

시의 튤립 | 139

제4부 활짝 열린 접촉

그날 밤 | 143

추위는 따스함의 한 부분 - 내 그림에 부치는 시 | 145

빛 | 147

영혼의 자매―츠비타예바에게 | 151

선사시대의 UFO석 | 154

물 고궁 | 156

거문고 | 159

루산廬山의 추석 보름달 | 161

분노하는 돌-원명원 대참사 150주년을 기리며 | 163

6월의 거주個舊·공장 옛터 | 165

파미르를 업다 -내 그림에 부치는 시 | 167

제황칠성帝皇七星 | 169

후타이虎臺 단상 | 171

불심 | 173

천지 | 175

코스모스 | 177

사랑은 길 위에-위수玉樹 아이들에게 바치는 시편 | 179

숲 이야기 | 184

둥산링東山嶺에서 | 187

나는 무슨 계절로 너를 사랑해야 할까? | 188

자고 시냇가 | 189

몸에 걸친 별 | 190

오늘 밤 망고는 잠못 이룰 것이다 | 191

작은 무대 | 192

염제, 염제 | 194

주저우株洲의 비 | 196

칭제青街 스케치 | 198

비 내리고, 과일 떨어지는 하늘 | 200

어젯밤 눈 | 203

거울 속 사람 | 205

내 시로 너를 사랑할게 | 207

■해설■ 칼끝위에서 춤추는 시안샤오샤오의 최근 시 인상 | 팡둥 | 211

옮긴이의 말 | 227

글쓴이 약력 | 232

옮긴이 약력 | 233

제1부 접혀진 시각

낮은 곳의 찬란함
— 바오투취안1)*에게

위로 향하는 생활철학을 따라
아이들이 응애응애 태어나자마자
바라보기를 시작하고 따라 가기를 시작한다

우리는 새 둥지를 바라보고 잠자리를 따라 가고
산꼭대기를 바라보고 호랑이와 사자 무리를 따라 가며
또 다른 우주를 바라보고 광년光年의 번개를 따라 간다

우리는 모든, 아는 높은 곳을 바라보고
우리는 일체의, 아는 먼 곳을 따라 간다
육체에 고용된 연골, 오랫동안의 과로가
우리 모두를 목뼈 디스크에 걸리게 한다

우리는 주견 없이 시대조류에 휩쓸려 시가전을 하고, 포격하며
학살한다. 또 변상하고 악인을 벌하며

---

1) 바오투취안豹突泉: 산동성 지난濟南시에 있는 유명한 샘물, 지난의 3대 명승지로 유명하다.

흑백을 가린다
마치 두 갈래 마른 등 넝쿨이 서로 얽히듯

만약 우주의 망원경을 끼고 보면
개미는 우리의 친척이고
쥐, 벼룩, 표범, 인류는
보잘 것 없는 명사 네 개일 뿐

하여, 우리 몸의 자세를 내려놓자
허리를 굽히고 무릎을 꿇자
맑고 깨끗한 바오투취안豹突泉 샘물 세 줄기
햇빛 아래 물속 영지버섯 세 송이

이 용솟음치며 흐르는 보배
줄곧 인류의 낮은 곳에서
우리의 주제넘게 높은 데만 쳐다보는 마음의 병을 씻어내고 있네

이 낮은 곳의 찬란함, 우리가 잃어버린 것

2014년 6월

천장터[1]의 새벽

텅텅 빈 머리통 하나, 한 줄기 바람의
이동, 비상하는 백골의 재들
손에 손을 잡고 이 여명에까지 날아드니
하늘가로 나아가는 그 가죽과 살들
햇빛으로 하여금 혀를 내밀며 급히 떠오르게 하는구나

이 세계에서의 마지막 한 번의 노래는
쇠망치가 육체에 부딪쳐 튕긴 불꽃
그 속도는
손가락이 옷자락을 풀어헤치는 순간
어느 비 내리는 밤 속, 사람의 온갖 상념이 사라지는
새벽

1995년 8월 28일

---

1) 티베트에서 죽은 사람을 해부하여 독수리 등에게 장사 지내는 조장鳥葬의 터.

인계

늦가을, 입 안 가득 틀니를 드러낸다
황혼의 노인처럼
거울 속에서 자는 체 한다

그는 남몰래
거듭된 잘못과 후회를
거울에게 인계한다

아둔한 귀와 과민한 코를
의학에게 인계하고
의리도 인정도 없는 시대를
시에게 인계한다

과거의 어두움과 고난을
상처에게 인계하고
산산조각 난 생활을
나에게 인계한다

기억, 사상의 부스러기들이
떨어지니
이 다이아몬드 속에 깊이 감춘 그림자
죽음이 얼마 남지 않은 조그만 벌레 같다

오종종하게 이어진 죽음
필수과목이니
조만간에 와서 문을 두드릴 것이다

늦가을, 이 굳게 마음먹은 노인
거울 속에서 깨어나
죽음의 손잡이를 쥐고서
누군가의 피부와 머리통을 수확할 것이다

2014년

장난江南1)을 끌어안으며

장난江南의 가을,
많은 벌레들이 꺼꺼 하고 울어댄다
사랑이 완숙해지니……
기지개를 펴는 꽃잎들
빗방울과 여치에 의해 열린다
흐르는 색깔을 마주하고
고독과 죽음의 풍경에 명하여
호수 가득한 산수를 말아 올린다

관절 사이로 불어 들어온
근질근질한 가루들,
사소한 욕망들,
아침 햇살을 맞고,
그리고 축축한 습기
그 풍류 여성은
한계를 깨트린 성과로서,

---

1) 중국에서의 장난은 쑤저우, 항저우, 전장, 우시 등 창장長江 유역과 그 이남 지방을 가리킨다.

죽음으로서, 전통적인 후계자를 먹여 살린다.
그녀의 용솟음침은?
그녀의 암흑과의 포옹?
완숙한 사랑만이 참아낼 수 있으리……

완숙한 사랑……
침향이 그녀 운명의 약점에 파고들어 오듯
그녀는 생전에 두 번이나 죽었는데,
죽은 뒤에 묘가 파헤쳐져
한 번 더 죽었다.
그녀의 전생과 현세는 모두 비극에게 시집 간 것.

위산虞山 진봉錦峰2) 아래의 옛 무덤,
상상보다도 더욱 현란하고 황량하다.
서로 얽힌 띠풀들 고개를 숙인 채,
파묻힌 진흙의 비밀을 찾는 듯

---

2) 장쑤江苏성 창수常熟시에 있는 산 봉우리

야밤의, 날카로운 바람,
다시 한 번 땅에 묻힌 영혼을 침범하니
이 시든 풀 마른 잎 가운데 핀 들꽃

아무런 막힘도 없다……

피부, 향료,
심지, 뼈와 오래된 자기,
생사의 비밀 문양을 꿰뚫고
우전烏鎭3)의 꽃무늬 새긴 나무 탁자 위에
기억을 내려놓는다.
피로, 분노, 조바심,
어쩔 도리 없음, 폭력, 애도……
바짝 다가오는 모든 부정적인 단어들……

황주로 몸과 마음을 씻고 거듭 태어나,

---

3) 저장성 통샹桐鄕시에 있는 읍의 이름

매실로 썬 생강채를 풀어 놓는다.
장난江南의 가을 풍경을 끌어안으며
막 가지 끝에 떨어진 고별을 끌어안는다
몸속의 가장 위험한
현기증 한 가닥을 끌어 앉고
지는 해를 꼭 끌어 앉는다.
분신쇄골하는 저 외침 소리
다시 만난 죽음의 시 한 수를 끌어안는다……

  죽음의 시간을 교차시켜 나눈 푸춘산쥐투富春山居圖4) 그림처럼
  겹겹 순장의 화염에서 벗어나
  고전적인 미안한 마음이 담긴 아름다움으로
  포스트모던으로 하여금 허리 숙이게 하니
  종이 위에 남긴 풍경이
  죄업처럼 부드럽다

---

4) 원나라 때의 화가 황공망의 그림으로 저장성 푸춘장富春江을 배경으로 하고 있다. 중국의 전해져 내려오는 10대 명화로 손꼽힌다.

이 세계의 불완전함

우리는 원망하고 불만을 토하고 저주하지만
이 세계의 불완전함
많고도 또 너무 많으니
무슨 소용 있나요

우리는 마귀와 거래를 하는데
이 세계의 불완전함에 대해
한번 또 한 번, 눈에는 눈, 이에는 이로 맞서 보지만
무슨 소용 있나요

하나 하나 모두 죄 없는 사람처럼
모두 수난자 쪽에 서서
다른 사람의 잃어버린 영혼을 걷어차지만
무슨 소용 있나요

피가 배인 역사, 부들부들 떠는 하늘
그 깊은 아픔을 위해
대지위의 묘비가 참회하지만

무슨 소용이 있나요

우리는 남에게 턱으로 지시하고 눈짓으로 부리면서
이 세계의 고난에 대해
다른 사람의 잘못으로 떠넘기지만
무슨 소용이 있나요

이 세계의 불완전함은
기실 우리 한 사람 한 사람 모두의 몸속
나쁜 결점이 합쳐져 된 총체인 것을

절취한 구절들의 연시(단시23수)

"고독의 아름다움"

내가 고개를 숙이면
어떤 먼 곳에 있는 풍경 한 자락, 떠오른다
고독의 아름다움, 그렇게도 순수하구나
나로 하여금 지난 사소한 일 속에 머물러 가책을 느끼게 하니
끝없이 찬란하구나

"자비"

온 하늘 가득 한 별빛이 내 머리 위에 떨어진다
의식의 가장 깊은 호수 속에서
나는 속세의 고난과 아픔을 조용히 씻는다
이 자비스러운 밤
저녁노을이 나를 가슴 깊이 끌어안으며,
불꽃으로 교합한다

"연기 피우는 돌"

죽음, 어떤 때는 단지 한번 잠시 잠에 드는 것일 뿐.
우리는 거친 나무 탁자 옆에 앉아
쉬지 않고 글을 쓰며, 급히 담배를 빨아댄다
연기 피우는 돌들, 조금도 움직이지 않듯이

"이렇게 고요한데"

나를 탓하지 마시게나, 지나치게 민감한 마음
죄 없는 억울함과
이 세상의 타락과 탐욕
인간 세상의 욕망을 사방의 빛으로 튀겨내누나

"겹쳐 온 폭풍"

향기로운 여인, 값 오른 겨울
그대의 입에는 야밤에 겹쳐 온 폭풍이 있어
마치 한 여름의 석류와 황금처럼
하룻밤 큰 바람에 다 사라진다

"가책을 느끼는 꽃잎"

상념은 야밤에 한 치 한 치씩 자라나는데
도대체 어디에 있나요? 제 부끄러운 피부
실크와 진주로 가득 채우니
마치 눈물 한 방울 떨어지는듯
비단 한 필, 친절함과 평화로움

"파스테르나크에게"

일찍이 당신이 뜨겁게 사랑하던 모든 것
모두 당신 노년의 고통을 더 깊게 하였네요
마치 당신이 나이 들수록, 반복해서 귀울림 소리를 듣는 것처럼
태어난 고향 땅으로 돌아가길 바랐지요

"삼월에 빌딩 옥상에 날아올라"

깊은 밤의 빌딩 복층
봄의 향기로 가득하고
내 고독하고 아픈 마음으로 가득한데
삼월의 향내는 묘지 위에서
피로한 그림자를 드리우는구나

"오늘까지 살아 왔네"

술 취하니, 추태는 좋은 약 한 제
지난 날의 환상이 먼 곳으로부터 다가와
하나의 세계가 조용히 열리네

"높은 곳의 근심"

이렇게 모호하고 허망한 시대
그녀는 시를 쓰는 것 외에 다른 생계 방법이 없어
마치 거대한 기계가 자신의 피를 짜 말리듯
글자마다 구절마다 갓 치유된 큰 고통 감추고 있네요

"고서古書"

그대가 이 시집을 펼칠 때
이어지는 놀랄만한 어휘들, 공기 속의 장난기
즐거움과 죽음이 교차되는 두 손
마치 어떤 불타오르는 밤처럼
갑자기 시운을 타지 못한 내 운명에 끼어들어 오네

"죽음의 천사"

죽음을 맞이한 날개
마치 천사처럼
나의 손 안 술잔 속으로 떨어진다
좁디좁은 방
깊은 밤 커다란 눈꺼풀이 빙글빙글 돈다

"마음 속의 큰 눈"

그대 크게 취해 집으로 돌아가는 생각에
내 마음 속의 큰 눈이 펑펑 쏟아져
어제의 말 못할 괴로움이, 양귀비꽃처럼 나를 근심케
하네

"비번"

도취에 빠진 사랑
정해진 방향도 아니고, 어떤 가능성도 아니건만
뼈 속 깊은 곳의 쓰라림
나 홀로 정신적으로 방랑하게 하는구려

"온화하고 향기로운 유혹"

내가 처음으로 그대 눈물 속의 소금을 맛보았을 때
내 일생의 행복한 고통은 운명지어졌다오

"큰 눈 속의 비단"

큰 눈 속에 날아 내려온 비단
내가 바람 따라 불어 보낸 어떤 운명 한 자락
고통을 감추고 살아온 일생
내 끝없는 차가움 속의 작은 따스함
한 잎 한 잎 떨어지는 눈송이처럼
떨어지는 자태, 죽음에 가까이 간 입맞춤

"밤의 독서"

감정을 가라앉히니, 어둠도 이처럼 친근하게 변해
한밤중, 서가 위에서 낯익은 시집 한 권 꺼내 드니
그 향내 여전하여, 오랜 친구와 같구나

"운명"

물 한 방울이 탁자 위의 잔을 깨뜨리고
탄식 소리 하나 사람 마음속의 둑을 무너뜨리네
오늘, 이 갈수록 믿을 수 없는 날들이
나를 어디로 데려 가려는지

"이렇게 휘황해"

짧디 짧은 일생의 찬란함, 한 바탕 폭풍우와 같아
실패의 경력 속에서 시작하니
지난 날의 사랑과 단순한 이기심
모두 점점 사라지는구나

"2월 중에 가버린 날들"

옛날, 문 앞에 앵두와 부상扶桑나무를 가득 심어
이리로 온 뒤로, 피가 내 아픈 곳으로부터
흘러 나와 온 나무의 과일을 선홍색으로 물들였네

"깊은 곳까지 사랑한 여인"

깊은 곳까지 사랑한 여인이 죽음을 생각한다
디테일한 아름다움 그러나 짧았던 일생
예측하지 못 했던 많은 일들이 꽃을 피우고 열매를 맺는 때
뒤섞여 엇갈린 어떤 암시들이 바로 오늘밤 찾아오니
시는 한 새벽에 질병에 감염되네

"6월 중의 상실"

넓고 큰 날씨가 물 한 방울 가운데 빛을 사방으로 내쏘니
나는 변화에 부딪쳐도 놀라지 않아
누군가 땅위에서 날아오르는 것을 보니, 그림자가 구불구불
하늘에 가득 찼네

"날씨 속의 여인"

피흘리는 날들 매 달마다 가득한데
날씨 속의 여인은 한 바탕의 고통
물에 목말라, 또 우물 밑바닥에서 죽고
마지막에는 불꽃의 심장으로 떨어지네

나의 아프리카

새벽녘 등롱꽃
창문 블라인더에 걸려 있고
햇빛은 만조와 간조처럼 들락거리며
마음 끝에서 솟아오른다

나는 침대 맡에 기대어 있는데
뜨겁게 끓어오르는 살아 숨 쉬는 아프리카
바로 내 베개 옆에 놓여 있다

도르카스 가젤이 발굽을 가르며
다이아몬드 위에서 물보라를 치고
지는 나뭇잎 아래 이를 가는 배고픔
기다리네 한 바탕
온 천지가 쑥대밭이 되는 전쟁을

아프리카의 밤
비비 원숭이는 날카롭게 울부짖으며
머리 위의 텐트를 밟고 지나가고

얼룩말은 맨몸으로 내달리며
초원의 길에
자잘한 똥오줌과 시들을 흩뿌리네

몇 미터밖에는
흔들거리는 사자
힘차게 성욕에로 나아가
순환식으로 사랑을 하고

두려움이 나를 유혹하니
조그만 짐승처럼
그대의 품에 뛰어 들어가 뒹구네

영혼의 나무 아래

살아 있을진대 죽음이라는 어머니를 받아들여야 하네
날이 저문 뒤, 누군가 시간의 자루를 들고
영혼이 나무 아래 떨어진 과일을 주우니
죽음의 씨, 떨리는 손 가운데 쥐어지네
아픔의 씨알, 하나 하나 잘 여물었다

아인슈타인의 바람을 호흡하니
저쪽으로부터 불어와 온몸을 훑어간다
추위와 썩은 것들을 묻어 버리고
피와 골수로, 심장과 배로
삶으로서 죽음을 지속시키고 죽음으로서 삶을
연장시킨다

기실 승산은 없는데, 바람은 혀를 내밀고
시체들의 신선한 냄새를 핥는다
순간의 무절제한 삶에 소금을 뿌리고 시간을 뿌려
불태우고, 재의 공백을 향해 끊임없이 불어댄다
더욱 멀리 불어댄다

영혼만은 아무 가진 것이 없네

갈수록 많은 고난이 말을 하고
갈수록 많은 거짓말들이 복사꽃 같은 아름다운 모습으로 귀를 가득 찔러온다
갈수록 많은 허상들이 눈으로 날개를 펴고
갈수록 많은 썩은 것들이 어두움의 목을 조여온다

갈수록 많은 추악함들이 폐부로부터 나와, 우물에 빠진 사람들에게 돌을 던지고
갈수록 많은 유행들이 경망스런 죄업 가운데 가지를 뻗고 무성히 자라난다
갈수록 많은 금전들이 말초신경들을 거두어 들이고
갈수록 많은 쓴맛들이 입속에서 회한을 건넨다

갈수록 많은 그림자들이 가슴 앞에서 겹겹이 포위하고
갈수록 많은 인재들이 왜곡되어져 미소나 짓는 무감각한 존재로 변한다
갈수록 많은 죄악들이 뼈가 푸석해진 검은 손들을 더욱 윤기 있게 해 주고

갈수록 많은 악의 꽃들이 종양 같은 열매들을 예쁘게 맺고 있다

 갈수록 많은 고통들이 매 사람들의 몸과 뼈와 피로 뚫고 들어오고
 갈수록 많은 바이러스들이 죽음의 무게를 더해 가고 있다
 오직 영혼만은 갈수록 가벼워지고 갈수록 가벼워져
 살 속으로 들어간다

배반

내 영혼의 뿌리
줄곧 그대 마음 바닥에 박혀 있어
어느 날 밤부터인가
그대 마음은 욕망을 향해 무릎을 꿇었지
나를 아침부터 밤까지 빠져 들게 한 귀울음
들불에 뒤엉켜진 머릿결과 눈빛
죽음에 가까운 심장 박동
생명의 찢어짐
그대의 마음으로부터 뿌리 뽑혀
나는 신령님께 살려달라고 외치지만
들려오는 것은 저주의 목소리

영혼에 의해 추격당한 사람

나는 영혼에 의해 추격당해
멀리 날수록 더욱 높아진다
도망갈 곳이 없을수록
몸을 돌려
꽃이슬 한 방울 칼끝에 부서지니
비가 내리네

매연에 둘러싸인 빌딩 숲
구름과 어깨를 스치고 지나가
나는 지쳐서, 칼날을 밟고
폄하된 생활을 향해 한 걸음 더 내딛는다

고난을 화로불 속에 집어넣어, 고독으로 술을 데우고
펭귄이 나는 것을 연습하다 넘어지는 것처럼
고통과 어쩔 수 없는 디테일 속에서
운명적인 큰 눈을 받아들인다

욕망, 현세를 향해 치달리니

도덕은 바람을 맞아 와해되고, 인간세상은 혼란에 빠진다
부유하는 먼지에 의해 부딪친 내 영혼
다시 한 번 칼끝에 걸리니
매일 밤마다 의외로 예민해지고
매 새벽마다 예리하기 그지없구나

금생에 만남은

내 소우주가 이미 그대에 의해 열려
세속 가운데 속이고 있는 별들이 모두 빛을 발하니
그 비밀의 통로를 향해 솟구쳐
그대를 향해 달려갑니다

전기를 띤 숫자와 자모들
불을 붙이는 단어들
금생에 만나면 자신에게 화상을 입힐 거예요

그대 3 리 밖으로 물러서서 별들을 헤아려 봐야 해요
그 뒤 강 건너 불구경을 할 수 있을 것이니
나는 그대 왼쪽을 향한 호흡과 부딪쳐
천천히 식으리다

우리들 사이에 발생했던 전대 과거지사
아마도 한번 깨어진 언약 가운데
다시 한 번 재물운이 생길 수도 있을 거예요

여러 해 뒤에

세월은 하루하루 흐르는 물처럼
헛된 것
어떤 약속들은 본래 물거품이고
어떤 사랑은 운명적으로 버림 받을지니
몸을 돌리는 데 쓰일 뿐

여러 해 뒤에, 내 머리가 백발이 되어
이가 빠져도
코스모스 가득 핀 주름진 얼굴에
눈만은 여전히 투명하리라

나는 홀로, 사랑의 장신구를 차고
환생의 마음을 품고
창양갸초[1]의 시를 가지고
포탈라 궁을 향해 나아가는 기차에 오른다

---

1) 티베트의 제6대 달라이라마로 티베트 역사상 유명한 시인이자 정치가이다. 생몰연도는 1683년~1706년.

어느 날 그 전설적인
라싸의 조그만 주점 안에서
한 구석, 앉아 내려놓은 나
해발 높은 곳, 밤에
청과주 술병을 딴다

가축 젖을 응고시켜 만든 기름 등의 불꽃
나의 차분하고 평화로운 이마 위를 비추며
순탄치 못한 세월을 드러낸다
그리고 나의 충만한 정서는
이전의 그 밤으로 돌아간다

아마 나는 어떤 사람이 오길 기다리고 있나 보다
아마도, 아마도, 단지
단지 한 영혼과 대작하기 위해

마음 공허

바람 불고 비가 오는 것은 자연의 변화
사랑함과 사랑이 식음은 심경의 변화
그대 한 번 가버리니, 마음 공허해지고
득실 하나만 따지는 씨만 남았어요

그대 술에 여생을 쏟아 부을 수도 있겠지요
아니 그를 구실 삼아 불행에 대해 주석을 달 수도 있겠지요.
저는 어쩔 수 없이 온 길에서 물러가, 한 바탕 헛걸음 하겠지만
벌레 울음소리 가득 품은 숲속 저 먼 곳으로 들어가리오

생각해 보면, 인정은 점점 메말라가니
한 세월 진정한 사랑은
두 마음의 공교로운 일치
일생동안 두루 편력하는 것 한 사람으로 족하겠죠

그리하여 저는 마음을 내려놓고

자업자득을 받아들이며, 고개 돌려
시 속에서 상상으로 그대를 극치에 이르도록 사랑할지니
이는 저 자신의 일일 뿐이네요

사랑은 다른 곳에 있네

이번 2월
나는 창앙갸초의 시로
추위를 끌어안는다
누군가 날 밝기 전
조용히 들어오니
그 기구한 신세
세상의 시고 달고 쓰고 매운 온갖
풍상을 음미한다
눈은 의외로 2월에
뒤늦게 내리고
사랑은 여전히 다른 곳에 있네
그대 깊은 밤 가면을 벗어던진
그 감상의 언어와 동작들
족히 나로 하여금 시 한 수 속에
꽃이 피고 꽃이 지게 하니
그대 하늘 끝을 사이에 둔 친근함
한 사람의 남모를 고통에서 시작된
이 시각, 오해받은 마음은

토막토막 끊어지고, 떨어진 꽃
추위는 한번 오고 또 올진대
완전한 사랑
얼마마한 꿈으로 버티어야 한까

그녀의 강물

밤은 깊고 인적은 고요하니, 또 다른 세계
귓속에 숨어
그녀는 실면증에 걸린 조개껍질처럼
한 차례 또 한 차례 밀려오는 문구의 파도 속에서
이리 저리 오간다

그녀가 당돌하게 가장 맛깔 좋은 단어를
입에 집어넣고
가볍게 깨무니
놀란 파도가 입술과 이 사이에서 시를 향해
알지 못할 깊이로 뿜어져 나온다

그 향기 속의 기억과 숙명
모두 남쪽을 향해 나다니고
그 피부 위 노래하는 숨결
요원함을 향해 돌아서니
행복하면서도 또 슬프고 괴로워

그녀는 단지
약간 짭짤한 부드러운 액체를 한 방울씩
한 개 한 개의 한자漢字로 빨아들여 말리고
비쩍 마른 문구에 의지하여
입지를 확고히 하고, 심정을 마름질할 뿐

생각해 보니, 그 육체 깊은 곳에
태어난 구름과 빛다발
그녀의 강물은 또 다시 흐르기 시작한다……

제2부 흔들리는 맛

어느 때, 단어 하나

황금의 10월을 뚫고
함부로 혀를 놀려대며 가을을 불러 온다
독한 술 얼궈터우貳鍋頭 한 잔 한 잔 걸치며

시 한 수의 광채가 육체 속으로 압축돼 들어가
사람의 마음을 날아오르게 한다

누군가는 단숨에 내놓고
누군가는 한 구절 속에서 후회하며
누군가는 몇 단어를 빌어 사람을 죽인다

폭우가 따귀를 때리듯 쏟아지니
가을, 이 황금의 부드러움은 좀 당해낼 수 없구나

누군가 술기운을 빌려 허상으로 지탱하지만, 잊고 있다
어느 때 단어 하나로 그대를 천국에 보낼 수 있음을
또 그대로 하여금 삶이 죽음만 같지 못하게 할 수 있
음을

내가 빚진 그대
- 하이쯔海子[1]에게

형제, 이 굶주린 시
---내가 빚진 사람
나를 사로잡은 채 1년 또 1년
동사, 구두점, 쉼표의 잔해마다
모두 피와 살이 자라나, 뼈를 핥아 일깨우네
몸으로부터 박리되어 나오니
더욱이나 우리들처럼
이 지구상에서의 신분은
영원한 소수민족--시인
고독하고 육중한 돌절구로
새까맣게 탄 고난을 갈아 부숴
마지막 남은 금붙이를 꺼내니
세간 변두리 깜깜한 가운데
반짝 반짝 빛을 발하네

---

[1] 15세에 북경대 법학과에 합격한 천재 시인으로 25세에 철도에서 자살하였다. 중국 시단에 많은 영향을 끼쳤다.

나의 쓰촨四川, 나의 고향

쓰촨
강물
세 줄기
한 줄기는
어머니
한 줄기는
아버지
남은 한 줄기는
민장岷江
---강안의 오래된 집
창살
쏟아지는
한 가닥
스멀거리는
햇살

내 시에는 독이 있어요

요 몇 해, 기후와 인심
갈수록 어지러워져요
부녀자의
갱년기 생리처럼

만약 그대가 담이 크시다면
제 시를 음미해 보세요

근심하지 말아요, 제 시는
색깔과 향내와 맛이 좋은데다, 강렬하지 않아요
한 잔에 그대를 골로 보내지는 않을 거예요

아침에 그것은
유리잔 속의 우유처럼, 향기롭고 또 달아요
다만 조금만
감각적인 성분을 넣어 주세요

낮에는, 들고 오세요

식초와 소금물로 씻은
제 식전 과일시 한 쟁반을요

잔류 농약
98퍼센트가 씻겨 나갈 거예요
보도에 의하면 농약은
소금물과 식초에 용해된대요

두려워 마세요
입에 넣고 한 입 깨물어 보세요.
건강하시려면 과일을 많이 드셔야죠

제 시는 과일의 왕이랍니다.
그것은
번역체의 맛과 교배를 한 것이예요

저녁 무렵, 만약 그대가 담이 크시다면

찌르는 듯한 아픔의 스노 레오파드

나는 항상 혈액 속에서
저 고독한 스노 레오파드가 남차바르와산[1])에서
조용히 슬피 울부짖는 소리를 듣는다

햇빛은 고통 속에 멈추었고
추위가 내 얼굴을 바라보고 있네
빙설은 눈물의 꽃잎
말 못하는 괴로운 마음에 녹아 들어와 데굴데굴 구른다

그대는 생활에 의해 강제로 먼 곳까지 밀려 와
시간에 의해 갈라져 도중에 쓰러지니
나는 삼처럼 엉클어진 시간에 의해 가로막힌 채
한 마디 한 마디의 좌절로 세월의 젖니를 양육한다

오늘 밤 그리움이 구름을 끌고 용감히 직진하니

---

1) 티베트 린즈 지구의 산으로 히말라야 산맥의 동쪽 끝자락에 위치한 7,782m 높이의 산이다

하늘도 그대를 향해 채찍으로 말을 몰 듯 격려하러 간다

내가 입술을 깨무니
찌르는 듯한 아픔의 스노 레오파드가 하늘의 별들을 밟고 먼 곳을 향해 추격한다

설산 한 봉우리에서 다른 봉우리로
북경으로부터 세계의 변방으로
슬픔으로부터 기쁨에, 결합으로부터 분리에, 삶으로부터 죽음에 다다른다

기다림

가을이 아주 깊어져
기와와 벽돌 조각 위로 궂은 비가 줄기차게 내리고
씨앗이 진흙으로 되돌아 갈 때, 터무니없는 날씨에 의해
흔적도 자취도 없이 스러진다
이와 같은 의외, 한 여인이
빈 병 속에서 떠올라
담담히 눈물 흘리며, 죽음을 건넌다

어느 날 오후, 나는 국화의 숨결 가운데
얼굴 하나 유유히 떨어져 내리길 기다린다
아마도 내가 갑자기 늙어 추해진 것이리라
베란다의 아름다운 옷들을 걷는데
그러나 그대는, 편지 한 통 속의 나그네
기약도 없이 아득하여, 처지가 비장하니
폭로의 위험은 언제나 주변으로 도달하려나

숨은 새 한 마리 갑자기 일찍 내린 눈에 죽었을까

그 깃털은 눈보다 더 따스할까

그러나 겨울이 오면 나는 단지 시 한 수로 그대를 기다릴 수밖에

세월을 착각한 국화가 새하얘져, 나비들을 가득 날게 할 때

행복은 조용히 강림하리니

최고급 자고차鷓鴣茶

펑둥스風動石[1)]로부터 내려와
아직 채 정리도 못했는데
놀라 흔들리는 혼백
절벽
눈앞에 유유히
떠 있는 구름

등의자를 찾아
기댄다
매화 향기 가득한 둥산링東山嶺[2)]
어린 소녀가
구리 주전자를 들고
차 한 잔을 가져 온다
감칠맛 나고 색깔이 고운 자고자
향기와 피로를

---

1) 푸젠福建성 장저우漳州시에 있는 중국 국가 공인 관광지.
2) 푸젠성 장저우시에 있는 산.

오래도록 햇빛 속에 담근다

벽에 부딪친 적이 있는 손
꿇은 무릎
신, 다시 만날 날 있겠지요

흔들리는 시

청과맥[1]
이 아주 묵중한 먼 옛날
맷돌을 밀며
시간은 향긋한 내음을 내뿜는다

햇빛이 위쪽으로 경사되니
황금색 콩으로 갈아져 나온다
참파 경단[2], 버터기름, 향기로운 차
청과주의 맛
웨이위안전威遠鎭[3]의 황혼 위로 내려앉는다

나는 공기에 의해 도취되어
살며시 상승한다
마치 흩날리는 호프처럼
하늘 위에서 이동하는 가득한 별들

---

1) 주로 티베트·칭하이에서 나는 보리, 쌀보리.
2) 청과맥의 볶은 가루를 청과주로 빚은 청과주 등에 개어 먹는 경단.
3) 칭하이성青海省 후주셴互助縣에 있는 읍 이름.

〈

빗물이 깨끗이 씻긴 목조 집에서
"검은 미인"이 술잔 부딪치는 소리를 내고
토착 종족 고향의 "꽃"은
들판 산언덕 위에서 노래를 주고받으며 끝까지 따져 묻는다
바쁜 꽃들, 자그마한 잠자리
하늘 위의 흰 구름 하나가
반쯤 비등하는 칭하이후青海湖에서 맘껏 뛰논다

이곳에서는, 조그만 술 주전자 하나 데워
조용해지면
돌멩이의 모국어, 지렁이의 노래를
들을 수 있어

이 곳에서는
죄업과 수치의 마음을 등에 져도
조용해지면
진흙과 곤충의 너그러운 용서를 구할 수 있으니

〈
나는 청과주 속으로 뛰어들어, 나비를 쫓는다
마치 흔들리는 시처럼

언덕岸
 - L형에게

일본의 비녀를 꼽지 마시길
조그만 별들, 해바라기
코언1)이 세계 속에 남긴 가장 우울하고
섹시한 목소리
나의 틀어 올린 머리 위를 빙 둘러싸고 있네

먼 언덕2) 성당의 종소리처럼
인간 세상에 사랑을 베푸네
지극한 경지에 이른 사람
세월의 무똥 포도주 한 병 기다리니
전류 한 방울 한 방울
마음속에서 솟구친다

분신쇄골의 아름다움을 지닌 채
코언과 같은 단호함을 가지고

---

1) 레너드 노먼 코언(1934~2016)을 가리킨다. 캐나다의 노래하는 저음의 음유시인이자, 싱어송라이터, 소설가, 영화배우이다.
2) 원안은 표면적으로는 멀리 있는 언덕의 의미이지만, 중의법을 써서 하이난 시인 위안안远岸을 가리키기도 한다.

오늘 밤, 갈망을 향하여
시공이 접히는 원천을 향하여
은밀한, 먼 곳

아, 이것이 운명이로구나

시가 반 개피

저쪽 언덕에 산스크리트어의 노래가 일어나니
천국의 구름다리
부드러이 강림하네
백합화의 내음을 띄고서

나는 행복의 눈물방울을 걸치고
내 죽은 혼백을 바라본다
그대의 손을 잡고, 제도濟度를 거부하며
150년간 기다린다
그 귓가의 가벼운 약속

이 시각, 염습과 매장을 바라본다
반생의 잿더미
팔찌와 비녀
신의 자비를 빌리니
세월이 거꾸로 흐른다

나는 다시 한 번 쳐다본다

깊은 겨울 시가 반 개피
한 사람 입에
고독하게 그리고 따스하게 물려 있구나

감사

잘 씻은 딸기, 포도
사람의 혼을 빼앗는 밤
망각

코언의 노래 감미롭게 귓전을 휘감아오니
입맞춤 천 번 깊이의 공기 속에서
차마 떠날 수 없는 기분

햇빛은
딱 한 점 한 점씩
내 다년간의 그림자를 비추인다

그렇다
아픔, 고난, 냉대
사람이 지나야 하는
독을 먹여 키운 과수원

나는 일찌기 몇 입 베물고는,

견디기 가장 힘든 세월을 보냈다
생활 또한 빌려온 것

이 시각, 그대는 ㅏ의 시간을 보내며
곤충들을 깨어나게 하니
꿀벌이 웅웅거리며 부딪쳐 오고

잘 씻은 딸기, 포도
입에 집어넣으니 아주 달콤하구나

바쁨

그대의 목소리
먼 곳의 따스함

시공 가운데
틈새를 찾아내

나의 세계는
그대의 목소리로 인해 윤택해지고
태양은 두루 비추인다

바쁨으로 하여금
핑계거리가 되지 못 하도록 해야지

점점이 박힌 은하수를 빌어
동요하는 밤을 쪼여
체내의 독소를 배출하니

순수한 사랑의 양자
시의 단일 파동만 남긴다

몸속의 매
  - 높은 곳에서 친구와 함께 울부짖는 매를 감상하며

43층의 구름 높이에 올라
그대와 우연히 만났네
나파 산

골짜기1)만의 특정 기후는
블랙 커런트, 블랙 베리,
검은 앵도, 오얏, 삼목 나무,
훈제 내음, 풀 내음을 가져 온다

1대 0대 1, 이처럼 드문 인연
또 이처럼 용맹스런 낙하산 병사

입 속에 물고, 1초
2초, 3초, 4초
5초, 6초

---
1) 포도주 산지로 유명한 미국 캘리포니아주 나파산 계곡.

몸속으로부터 길고 높게 우는 매
빙빙 돌다가 갑자기 사납게 내달린다

혀끝, 목구멍, 심장과 간

마디 마디의 피부
점 점의 털구멍
모두 침투해 들어와 점거되기를 기다린다
그대 철저히 들어올 때
나도 그대를 점유하리니

아, 아픔이 멀고 먼 2차 세계대전
죽어가며 큰 소리로 우짖는 매
윤회의 동년, 지극한 사랑
카베르네 소비뇽, 피노 누아
샤르도네, 멜로
진판델, 소비뇽 블랑

1대 5대 0, 몸속의 매

나는 시를 쓰며, 남은 일생 동안
기다리리라, 그대를 허비하며

흩어져 떨어지는 별들
- 심해深海 포도주1)에 대한 경외

혀끝으로부터
미각의 작은 봉우리들로 하여금 깡충깡충 뛰놀게 하는
액체 조각들

그 은밀하고도 아스라이 먼 뒤얽힘
참나무의 타닌, 잔 입구로부터 뚫고 들어오니
멋대로의 좋은 맛, 내 마음에
딱 맞아 떨어지네

마치 우리 사람 사는 세상에 흩어진 별들처럼
오른 손의 예감으로 그대를 부여잡고
내 반평생의 세월을 흘러 보냈네

이미 운명에 맞겨 사는 나로 하여금
차마 버릴 수 없게 하고 수줍게 했지
한 걸음도 그대를 벗어날 엄두를 내지 못했지

---

1) 심해 포도주는 시인이 깊은 바다 속에 2년간 묵혀두었다가 꺼내 병에
조개류가 다닥다닥 붙어있는 포도주이다.

코언의 노래 소리 들으면 마음이 찢어지려 해

그리하여 자세히 볼 필요가 있으니
시 안팎
그대는 또 다른 한 차원에서
높이 붕긋 솟아
육신의 범상한 탯줄에서 벗어나기를 갈망하지만
마음만으로 조수가 들어오거나 나갈 뿐

그대는 알고 있네, 이 세계에는
그대와 같이 슬퍼할 단 한 사람
고독한 이
매일 매일을 25시간으로 쓰며
경청하고 호흡하지
그대의 암흑 에너지

이 시각, 남쪽을 향해 날며 고향에 돌아가는데
1만 3 천터 공중까지 날아올라
온 하늘과 온 들판 가득한 구름 추월을 당하니
천국의 어린 양처럼 순결하네

〈

그대는 매 한 송이 구름 꼭대기에서
나에게 집적대지만
그대로부터 가까와질수록, 또 그대로부터 더욱 멀어지니
더욱 슬퍼지기만

두 세계는
부딪치는 불꽃
나는 연약한 마음으로 가득 싣고
오거나 혹은 가지만, 모두가 하늘의 변방

한 방울로 혼을 불어 넣네

그대 흙먼지 뒤집어쓰고 달려오길 기다려
마음을 기울여 준비한
음식을 탁자 위에 펼쳐 놓네
팥 율무탕으로 그대 먼지를 씻어내야지

자신 있는 생선 조림과 야채 요리
그대 입에 맞을른지
좋은 술 들어가니
물 흐르듯 한 칠현금
우리의 대작을 에워싸네

청량하고 투명한 유혹
한 잔 또 한 잔, 쌀 향내가 피어나고
우리는 맛보며 눈앞의 일과
몇 십 년 후의 일을 이야기한다

세속의 문턱을 이야기하고
운명 속에서 머리를 치드는 일에 대해 이야기하며

전쟁의 변방을 이야기한다
기독교인들이 재난에 빠져 죽으니
사람 마음이란 그 무엇이런가

가슴 아픈 일을 털어놓는 밤
떠도는 가련한 두 마음
사랑이 깊은 곳에 이르니, 한 방울로 혼을 불어 넣네
솟아오르는 충동
황무지처럼 끝이 없구나

매년 이 날

오후 5시 41분
각종 냄새들이 찾아 온다

홍사오러우, 튀긴 고추, 간수를 넣어 만든 대장
뜨거운 김이 무럭무럭 나는 찐빵도 가득 찾아온다

윗층에서는 변화 없이 제 때 울리는
피아노 연습곡, 하품을 하고

전기드릴은 시멘트를 쏘고 있다
드르륵, 드르륵

오늘은 청명절

청두成都 쪽의 소식이 나에게 다가오는지
택배가 문을 두드린다

가을 깊은 곳의 여동생

가을 깊은 곳의 여동생
마음이 서늘하여
언어의 황금에 의해 화상을 입고
금지옥엽으로 유배를 왔네

날씨의 심장에 있는 여동생
어떤 심경은 계절보다도 더욱 깊은데
번뜩이는 검에 의해 추방되니
흔들리는 불길 위에서 멀리 타향으로 가버렸네

속빈 사랑

사랑, 마음 위에 놓인 물결
손에 잡혀 있는 빛
나는 남방으로부터 날아와
끝없는 구름장을 뚫고
환상적인 눈물방울 하나로
그대의 앞에 떨어졌어요

그 날 밤
맥주, 입맞춤, 사랑
놀랄만큼 뜨거워, 땀으로 흠뻑 젖었지요
가장 감동적인 행위는 또 가장 감상적이니

그 날 밤
나의 작은 우주가 열려
그대 갑자기 파열하고, 그 다음 한번
또 한 번 탁 트였죠
잘 익은 농작물이 알코올을 빚어내듯

그 날 밤
사랑은 뜨거운 독약
그대를 가진 사람, 더욱 많은 상심을 품게 되니
마치 너무나도 바쁜 밤처럼
죽음을 향해 더욱 속도를 내게 되어요

사랑, 사랑
이 비할 길 없는 헤로인
음과 양의 두 언덕
달콤한 속삭임의 조그만 종교

아, 사랑, 결코 천국은 아니니
그대는 항상 나로 하여금 실의에 빠져 울적하게 해요
자괴감이 들고요, 어찌해야 할지 몰라져요
마치 그대의 조급한 성질과 소소한 속임수처럼
의식이 풍족한 이 아침에
내 아름다운 5월은 산산조각이 났어요

오늘 새벽 4시에
그대는 도대체 누구의 허리를 끌어안고 있을까요
아, 사랑, 텅 빈 마음

제3부 구부러진 소리

이월의 어느 날 밤

"너는 내 평생의 아픔"
"내 삼생의 사랑
한 사람에게 전생, 현세, 내세의 삼생이 있다면"

두 영혼은 이월을 안고 통곡했네
겨우내 추위도
이월 이 한 밤의 추위에 미치지 못했네.

영혼을 향한 고백

그대 10만 배의 속도로 즐거워져
해묵은 망상과 족쇄를
목에서 떼어 버릴지니

그대 연옥의 창가에서 눈 뜰 때
심호흡 한번으로 자신의 핏줄
영혼 깊은 곳 가장 미세하고 진실한 파동을 어루만지니

얼마나 많은 잡음이 그대의 가상의 적에서 오고
얼마나 많은 불통이 그대의 육친에서 오며
또 얼마나 많은 괴사가 그대의 어두운 부분에서 오는가

그대 모든 것을 가능케 할 수 없으니
오직 육신 하나와 역풍에 흩어진 마음만으로
고난의 뒷 표지에 행복을 적거나

삶의 무거운 짐들이 치명적이지 않게
순수하게 자신을 위해 한 번 살기를
짧게는 60초, 길게는 남은 후반생까지

티베트, 옴마니반메훔

나는 히말라야에서 정조를 잃었어요
티베트라고 불리우는 그 곳
피 한 방울, 힘차게 솟아오르는 태양
극도의 역경 속의 어머니
이끼로 가득 찬 고난이 그대를 향해 머리를 숙여요

연기 피우는 쌍옌 의식, 불경 담는 통, 긴 깃발
그대는 차가운 고지에 자리잡고 앉아
윤회의 암호
인류의 천박함을 해독하고
생노병사의 네 줄기 강을 건너시네요

6자 진언이 두루 비치는 것은
일체의 빛이고, 신령이니
정상에의 강림이예요
아, 티베트, 옴마니반메훔

나를 속여 보시게나

만약 시간의 흰머리 뽑아버리고
내 얼굴에서 잃어버린 물빛 되살아난다면
그대와 그들이 잇달아 달려와
내— 젊은 시절 시의 향기를 무척 사랑할 것이다.

내 어떤 우연 때문으로 하여
평온하고 신선하고
모닥불 속에서 군밤 꺼내는 아름다운 시어와
달빛 아래 무모함, 경솔함
밤새 내내 뒤척일 것이다

그대 편지 속 잉크 필적은
지구를 세 바퀴 돌 수 있지만
정원의 높은 담
문지기와 초소를 넘어
나의 깨끗한 마음 맞이할 수는 없으리

그러나 지금, 그대 그럴듯한 거짓말로

힘들이지 않고
나의 늦은 밤 빗물을 가져다가
지하에 있는 그대의
꽃들과 분재를 키우고 있구나

나는 아직 두려워하고 있는
아침의 햇살을 감싸 안으며

나의 유일한
전생과 현생을 생각하고
이 눈앞의 이익만을 생각하는 세상
곳곳에 넘쳐나는 돈 많은 가난한 사람을 생각했다

아! 나는 더 이상 잃을 것이 없으니
나를 속여 보시게나

비극적인 배역

돌아설 수 없지 두 다리가 마비된다 할지라도
발걸음을 뗄 수 없는 것은, 겁나서나 옛 추억 때문이 아니다
내 독이 있는 마음에 찔려 아프고 버림받으니
나뭇가지는 피에 매달려 흔들거리고
늦가을은 횡포 부리기 시작한다

겨울은 앞당겨져 몸을 몇 번 움직이면 조루하고
얼음 찌꺼기 밟으니, 몸이 솜털 같아
나는 10월을 붙잡고 참으니 뼈마디가 서늘해진다
기후가 마음을 감싸고, 자비 나를 감싸니
바람은 말라버린 가시를 하나씩 뽑아버린다.

궁색함과 억울함을 씹어서 마음속에 썩히고
햇빛이 다른 곳에서 허세부리는 것을 용서하며
비극 시대의 작은 배역을 소화해내니
이 때 눈물은 약수가 되어
방울방울 빛을 발하며 상처를 치료해준다

상처받은 나비

내 마음속의 상처
다정한 이웃처럼
오로지 나로 하여금 시집가기만을 갈망하게 한다
나의 웃는 모습과 목소리, 요리 솜씨
모두 현모양처다우니

작년에 버림받은 상처
오늘 밤 불빛 아래에서
지극히 자연스럽고 아름다워 보인다
헛된 날개짓을 하는 나비들
세기말, 맹목과 죽음의 기운이 드리워진 분위기 속에서는
아름답고 감명 깊은 비상이듯이

슬픔에서 슬픔으로 난다
상처에서 자양분을 얻은 여인이
상처의 빛 속에서
당시라는 연지와 송사라는 눈썹연필로

화장 짙게 하고, 성숙하게 철들 때까지
그녀의 숨결은 언어의 나뭇가지와 잎을 꿰뚫고
당시에서 송사까지 멋대로 넘나드는구나

슬픔의 속도

병중에 예민한 돌멩이가
몸속에서 북을 치니
마음이 갈아 앉는다 점점 더 깊이 갈아 앉는다

매 한 마리의 기침 소리가 하늘을 교란하니
가로등이 높은 곳에서 떨어진다

구름 속의 말
허구의 초원을 향해 달려가고
시 반 수를 향해 치달리니
타오르는 눈꽃이 공백을 복원하는구나
죽음이 단호함에 순종하여
유성과 나비를 밟고
숙명의 오솔길을 걸어 집으로 돌아오니

시인의 슬픔의 속도
사막 가장 깊은 곳에 이르는구나

슬픔보다도 더 슬픈
- 반더루이班得瑞에게

라인강이 저녁 무렵의 나를 지나쳐 흐른다
피부위의 진동이 더욱 빨라지고
정신의 갈라진 틈 사이에 끼인다
깊이 모를 연못이 다가오고 있으니
음악은 슬픔보다도 더욱 슬프고
마치 높은 곳 제왕의 괴로움처럼
나는 돌아갈 사다리를 치워 버린다

머리를 겨울의 따스한 기류로 비스듬히 돌리니
가버린 세월은 한 줄기 사광斜光
마음 바닥을 짓누른다
그러나 슬픔--이 어찌할 수 없는 아이는
영혼의 엄지손가락을 꽉 쥐고는 놔주질 않는다

내가 그대에게 주는 시는--
고쳐 다시 쓰여지는, 시련의 종이 위에 있고
거짓말의 고무는 거기에 웅크리고 앉아 있다
언어의 티끌들
장사꾼의 무게로 타락하여
도금된 상처를 향해 미소 짓는다

시후西湖, 영혼의 거울

그 날
배가 시후西湖 세 연못에 가까이 갔을 때
가랑비가 흩날리기 시작했다

호수 가득한 연꽃잎이 흔들렸다
크고 작은 물방울들

돌탑의 꼭대기
백로 한 마리 눈 하나 팔지 않고
부리로 깃털을 빗질을 했다
구르는 구슬

그 세계의 고요함과 평안함
순수, 고독의 모습

우리의 소란스런 카메라 앞 포즈잡기와
얍삽한 좋아요 클릭, 탄복이
오만과 편견의 화면을 만든다

〈
우리의 분수를 모르는 훼방
백로는 툭툭 날개를 쳐
내키지 않는 것들을 털어내고
날아갔다

호수 수면에 이는 잔잔한 물결
매화꽃 모양의 소나무 말뚝의 향기

단교斷橋[1] 부서진 마음

단교에 오르니

이곳에서는
일찍이 한 여인이
사랑의 전부를 꺼내었다가
마음이 부서졌었다

사실
머나먼 전설만의 이야기가 아니니

그대 시공간의 달빛 보석함을 열면
들을 수 있을 것이다.

수 없이 많은
여인들이 부서진 마음 안고
수많은 세월 단교 옆에서
흐느꼈던 것을

---

1) 항저우 사후에 있는 다리 이름.『백사전』의 전설과 눈 내리는 경치로 유명하다

마음 속의 레이펑탑雷峰塔[1])

석양 아래 레이펑탑을 보니
어떤 슬픔이 햇빛에 의해 도금되어
한 계단 한 계단 기어오른다

레이펑탑 아래의 백낭자
행운이었다

그녀는 사랑을 만났고
금산金山에 물이 가득 차게 할 수도 있었으니
우뢰가 뒤집혀 노호하고 진동하여

어리석은 남자
비록 처음에는 두려움 느꼈지만
참언을 믿었고
나중에야 마음을 씻고 참회했지

---

1) 항저우에 있는 서호10 경중의 하나로, 백사전 이야기로 더욱 유명하다. 천년 백사의 화신인 백낭자가 허선과 잘 사는데 법해화상의 탄압을 받아 이 뇌봉탑에 갇힌다는 전설이 있다.

<
그러나
이 과학기술과 섹스
나는 듯이 스피드한 오늘의 시대
사람마다 지극히 총명하며

레이평탑
우리를
그 밑에 깔아둘 수는 없다

그러나
줄곧
우리의 마음을 짓누르고 있구나

치앙羌[1], 그리고 구름송이
— 베이촨北川[2] 지진 유적지의 전설

치앙羌, 구름송이와 함께 나고 자라서
하늘 위에서 양을 치고, 춤추고, 노래하였네
구름무늬 수놓은 헝겊신을 신고, 대나무 관으로 빠는 술을 마시며
화로구덩이를 둘러싸고
치앙 수의 바늘 땀 위에서 궈좡 춤을 추었지

치앙, 그 아득히 오래된 전설은
스비 노인의 입에 걸려 있고
눈물 나는 십자수, 치앙 피리
오후의 베이촨 지진 유적지
그 얼마나 애닯은가
과거의 세월이 시간에 의해 깡그리 부숴지다니

치앙, 구름송이로부터 나온 민족

---

[1] 중국의 남방 소수민족의 하나인 치앙족을 가리킨다.
[2] 쓰촨성에 있는 치앙족 자치현으로 큰 지진이 일어나 크게 재해를 입은 바 있다.

그대의 망루는 진도 8의 강진 속에서
역사를 고쳐 쓰고 폐허가 되다니
지는 해가 뼈와 함께 고통스러워 하는구나
별이 가득한 하늘은 많은 진동제를 삼켰지만
죽음은 경고 표지판을 내걸었다

치앙, 그대는 산에 의지해서 살았고
수확의 힘듦과 옥수수
소와 양은 언덕 위에서 과장되게 풀을 뜯지만
여전히 얼마간 지레 겁먹고 있다
아침 햇살 속의 자수와 돌멩이
머리 위로 날아 가버려 종적을 찾을 길이 없구나

황사 폭풍

버들개지가 어지럽게 흩날리며
방충망 위에서 기웃거린다.
황사 폭풍이 온다.
돌격대처럼 하늘에서 내려와
오후와 저녁 무렵의 베이징성을 역습했다.

누런빛이
모든 것을 쓸어버리는 하늘과
인민들이 조국의 거리에서 깡그리 사라져 버리는 것을 보면
이는 네가 도깨비불을 뿜어내던
그 순간과 얼마나 흡사한가

물론, 나는 너의 일생 가운데
가장 젊지도 않고, 가장 아름답지도 않다
가장 부유하지도 않고, 가장 영민하지도 않으며
가장 섹시하지도 않고, 가장 요염하지도 않으며
가장 약삭빠르지도 못하고, 가장 달콤하지도 않다.

〈

가장 눈물을 잘 흘리지도 않고, 가장 노예적이지도 않다
가장 조용하지도 않고, 가장 드넓지도 않으며
가장 가볍지도 가장 무겁지도 않고
가장 활기차거나, 가장 향기롭지도 않다.

하지만, 분명한 것은 나는 너의 일생 가운데
유일하게 가장 좋다는 것이다.

그것의 세계

별의 세계에서
인간은 태양을 향해 다가가는 화염
사탕, 가죽 채찍, 깊은 우물
또한 범죄, 분쟁
폭력, 사랑을 몽땅 잃어버린 무뢰한
자신을 위로 올라가게 하는
밧줄, 사다리가 아닌

별이 우물쭈물 인간 세상에
단어 하나 요구하는 걸 용서하게나
딱 단어 하나
또 별이 실의에 빠진 투명 식기 들고
인간의 무시와 분노로부터 도주하는 걸
용서하게

이 단어는 얼마나 별을 외롭게 할까

이 단어는 무우와 쇠고기 안심을

약한 불로 2시간 조리고,
고수, 다진 산초, 소스
그리고 그것의 세계를 단축하고자 하는 갈망을 곁들인
'사랑'인 것을

도화살

그대 햇빛 속의 먼지 한 톨
내 눈에 떨어져 들어오고
내 몸에 파고들어
텅 비게 만들었네

신이
또 한 번 눈썹 찌푸리는 걸 보았네
목을 베고, 빛을 보면 죽는
윤회하는 나의 도화살이여

당신을 위해 시를 읽어요
- 중환자실에 계신 아버지께

사랑하는 친구여, 밤이 깊었어요
밤보다 더욱 깊은 고독과 죄책감
한밤중 1시 43분 눈물이 줄줄 흘러 내려요

아버지, 아버지! 이 시각
당신은 어느 이중으로 쳐진 문 속에서
아시나요 모르시나요

저는 멀고 먼 북경에서, 깊은 밤
단지 초조, 슬픔, 가슴 찔리는 회한으로
조용히 당신을 위해 시를 한 수 읽습니다

고통스런 음악을 따라
지옥과 천당을 넘나듭니다

일생토록 거칠고 급하신 당신의 군인 기질
어디로 가셨나요?
흙이 이 세상에 살아 있는

당신의 모든 것들을 덮으려 하나요?

당신은 우리 네 자매를 땅에 꿇어앉히며 벌하셨지요
누런 싸리나무채로 엉덩이를 때리는 팍팍 소리
또 돌아왔어요

어느 여름날 저녁
저는 몰래 강에 가서 수영을 했고
당신은 어머니와 함께 저를 훈계하셨지요
기세가 살벌해서 저는 문밖으로 뛰어 달아났어요

황망한 가운데 저는
당신 사무실의 옥상에 숨어들었고
캄캄한 텅빈 건물 속에서
구시대의 오래 된 홍목 나무 바닥은
특별히 공포스런 냄새를 쏟아 냈지요

그 동안 들어 왔던 온갖 귀신 이야기들

털 손막대기, 붉은 엄지손가락, 곰 외할머니
숨겨져 있던 구석에서
제 피부로 다가오기 시작했어요

저는 온 몸이 떨려
차마 재빨리 달아나지도 못하고
벽에 붙은 사무용 탁자 아래에서 기어나오다
당신한테 딱 걸렸지요.

저의 종아리, 두 엉덩이
한바탕 크고 작은 번개가 내리치고
귀는 크게 부어 올랐어요
저는 맹서했어요, 제가 크거든
당신들로부터 멀리 멀리 떠나야겠다고

저주와도 같은 글자 왼쪽의 여섯 방울의 물
저의 운명과 성씨를 싣고
샤오샤오瀟瀟---는 북경성으로 흘러들어 왔지요

〈

아버지, 아버지! 당신은 일생동안
딸한테 한번도 "사랑한다 애야"하고
말한 적이 없어요
오늘날까지, 저는 여전히 마음에 두고 있어요
이렇게 큰 제국의 도시에서
갈수록 더 떠도는 이 한 마디로 인해, 크게 상처 입는답니다

줄곧 적당한 남자 하나 찾아
보금자리 틀지 못 하니
이 또한 당신과 어머니의 다년간의 마음의 고통이었지요

아버지, 아버지! 시간이 좀더 지나면
날이 밝아올 거예요, 당신 필히 깨어나셔야 해요
그렇지 않고 저는 이번에 당신이 죽음에 이르게 되면 한스럽게 여길 거예요

저는 너무 늦었을까봐 두려워요

당신을 위해 가슴 찔리는 부끄러운 시 한 수 써드린다
는 게

사랑하는 친구여, 밤이 깊었어요
지금은 깊은 밤 4시 19분
아버지의 명을 링거 한 대에 가버리게 할 순 없어요
당신의 낯선 선의로 그를 위해 응원해 주세요
저로 하여금 늦어버린 시 한 수를 낭송하게 해 주세요
그를 위해 밤을 지키고, 효도를 다할 수 있도록

청두成都의 시단 강호

남쪽으로 오고 북쪽으로 향하는 얼굴들
소금시장 입구에서 떠돌다가 페이룽飛龍 골목에서 자리를 잡고
옛 워룽臥龍 다리에서 시단의 강호로 들어간다.
여러 곳에서 온 호걸들이 시정詩情이 있는 꽃과 새를 파는 거리로 밀려들어가,
동전을 보기를 분뇨를 보듯하며
고삐 풀린 청춘을 펜촉에 받치고자
종이 속으로 들어간다.
조그만 술집에서 흐물거리는 한 잔 한 잔의 술
뚜껑 있는 잔의 차 어간의 뜻은 고매하여 구름을 들이마시고 안개를 토해내는 듯
사소한 부분 하나 하나가 모두 충동을 일으킨다.
시의 자식을
조탁한 자구들 사이에 놓아 키우고
죽음으로 하여금 시적 미학의 모습을 갖게 하고자 꿈꾼다.

그 때, 나는 얼마나 순수했던가

단지 시 속의 산소만 호흡했지만
항상 별로 요긴하지 않은 어휘에 의해 목구멍이 막혔다.
그 때 나는 얼마나 야위었던가
이마까지 가지런히 흘러내린 머릿결은 진장錦江1)의 한 자락 흐르는 물 같았고
밝은 눈과 흰 치아는 마치 시 속에 누락된 한 구절같았다.
바람은 주안룬 거리轉輪街를 따라 불고
옛 워룽 다리臥龍橋에는 산들바람과 가랑비
나는 페이페이非非2)의 처마 아래에서
몇몇 시인들이 하루 종일 탄식하는 소리,
내 창밖의 나뭇가지가 버석버석대며 하늘을 긁어대는 소리를 듣는다.
마치 청두 흐린 날의 기침처럼.

---

1) 쓰촨성 민장岷江의 지류로써 청두成都시 중심부를 흐르는 강.
2) 페이페이非非는 1986년 스촨의 시창西昌과 청두에서 창립된 페이페이 시파를 가리킨다.

삶을 감시하고 있네

오후에 깨어 보니
날씨는 깨어나지 않아 어두침침하고
컴퓨터를 켜니, 계속해서 줄이 엇박자로 나타난다
오전과 오후처럼

공기 중에 숯의 향내
꼬치구이 먹으러 가자
혀끝의 침
춘삼월의 비

엘리베이터는 층마다
쉼표 찍고, 멈추는데
어느 층
불이 켜지지 않은 버튼 옆에
"흡연 금지"가
하반신이 뜯긴 채 붙어 있네

감시기 아래

총총히 나가는 얼굴
들어오는 얼굴
모두 같은 표정

정원 화단 중심의 여신,
대문 향해 고개 내밀고
지나가는
모든 사람 감시하고 있네

비통 파괴범
— 한 시대의 신화

몇 해 동안, 왕푸꾸이王福貴 온 가족은
결혼을 준비하기 위해 허리띠를 졸라맸다
아껴먹고 아껴 쓰며
무려 1년 6개월을 준비했다
길일을 택한 결과
1976년 9월 9일
혼례를 올리기로 했다

가정 형편은 어려운데
결혼 날짜는 하루하루 다가왔다
친척과 이웃을 합치면
적어도 여섯 상은 차려야 했다

왕푸꾸이 엄마와 아빠는 장롱 깊은 곳에서
고기표, 양식표, 식용유표를 꺼냈다
반평생 고생해서 모은 재산이었다
이를 악물고 시장에 장 보러 갔다
배갈, 돼지고기, 두부, 당면

그 시대 피로연에서 볼 수 있는 근사한 요리와 소주였다

다 준비되어, 신부에게 가마를 타라고 재촉하는데
국가 지도자가 갑자기 서거했다.
전국은 묵념했고, 모든 오락은 중지되었다

냉동고, 냉장고는 아직 세상에 나오기 전
기온은 올라가고 피로연을 위해 준비한 음식은
더 이상 지체할 수 없어
왕푸꾸이 일가는 무리하게 결혼식을 치렀다

이틀 후 공안국 사람이
간이 부었다며 왕푸꾸이 부자를 체포했다

죄명?
"마음대로 오락을 행한 죄"
"국가의 재앙을 즐긴 죄"……
정치위원은 수준이 있어서 이런 명분을 만들어 냈다

〈
부자는 조리돌림을 당했다
가슴에는 큰 간판을 걸고 있었다
"비통 파괴범"

아픔

마음이 가장 아플 때
모든 지각은
몸속에서 모두 부서지고

소망과 열매는 육체를 떠나
한순간에 바보가 된다

겨울에는 추운 소매 속으로 움츠러드니
고통과 알코올
더욱 훌륭한 시인을 만든다

자정, 백주 석 잔이 불타고 있고
심장박동은 말처럼 달린다
텅 빈 머리는 수은보다 더 높게 걸려 있는데

두 눈을 감으면
죽음이 육체를 쫓는 놀이가 보인다
밥상 한 테이블의 매운맛은 그대들 같은데

〈
밤은 입을 막고
세속의 차가워진 은침으로
조준한다
파편으로 가득 채워져
자신을 비우고자 하는 사람을

성탄절날 중롄(仲廉)[1] 시형詩兄께

크리스마스날이 왔네요
중롄형님 안녕하신지요
이 시대에는 나쁜 소식이 너무 많아
저는 항상 피곤함
우울함과 절망감을 느낍니다

가까이에 있는 가족들
친구들이 호흡 중에 질병에 감염되어
제가 채 만류하기도 전에
하나둘씩 총총히 떠나가버려요

이 시각 우리들 모두
기후의 이재민으로 전락했어요
폭군 치하의 빈민이든
부자와 가난뱅이든

---

[1] 시인이자 우한武漢대학 철학박사, 자선가. 현재 우한대학창신 투자유한 공사 등의 이사장직을 맡고 있다. 본명은 위중롄余仲廉이고 1963년생으로 수필집《실천하며 깨닫는 인생》등이 있고 많은 시들을 썼다.

〈

작은 시대의 성실함과 신의, 인자함과 사랑
너그러움 모두 점차 줄어들고 있고
스모그의 방대함이 증가하고 있어요
당신이 사는 곳까지

당신은 약자에게 선을 베풀고
햇빛의 창문을 밀어 제쳤어요
이 꼬불꼬불한 길 위에서
한 길만을 걸어온 저 같은 사람에게
자상한 풍경을 보게 했어요

중렌형, 크리스마스날이 왔네요
당신의 병은 저를 고통스럽게 합니다.
저를 양해해 달라고 하기 전에
백주 몇 잔을 받쳐 들어 당신께 권하고자 합니다
후회의 사념 가운데

원컨대는 신통력으로 제 영혼을 이해해 주시기를
가호가 있으시기를

나는 누구인가

그날, 그대를 만났네
저지대에서 한창 활짝 피고 있는
세계와 나는 냉혹 속에 얼어붙어
만물의 영장임을 자처히고 있었으니

그대는 허약했고 수줍게 떨며
건조하고 차가운 바람 속에서
낮은 곳 지키고
진실 지키며 살았지

그대의 부드러움 만지니
너무나도 후련해
신의 자비로운 회사를 만지듯
쌓아놓은 지 오래된 자신의 슬픔 어루만지며
고난의 문 밀칠 수 없었네

온몸에
결함과 미미함

연약하고 두려움을 지닌 나는 누구인가?

한 송이 한 송이 절망으로 끊임없이 표류하는
나는 또 어느 뜬구름인가?

시의 튤립

단지 한 조각의 기러기 털로
물질을 잘라내니, 적나라한 영혼은 미친 듯이 춤을 추네
시 옆의 튤립은 감격을 이기지 못한 채
피부와 책을 찔러 아프게 하고

문자가 상처를 입으니
검붉은 상처에는 가시덤불과
많은 기괴한 생각들이 무성히 자라나고
규율과 방법이 귀찮지도 않은지 시계는 똑딱거린다
저 시끌벅적 떠들어 대는 남녀처럼
피로와 원한에 함께 묶이니
너무 많은 눈이 나의 자세를 좋아했고
또 너무 많은 손에 의해 가지와 잎이 잘려진다
결혼하지 않겠다는 맹세, 한 번의 꿈
성모의 몸으로 거울 하나를 지키겠다는
청명절 비 온 뒤
많은 바쁜 사람들이 약속이나 한 듯
어지러운 무덤에서 추도사를 찬양하네

지난날의 우울함은 한 장의 얇은 종이와 같으니
누가 나의 진정한 애인인가.
눈처럼 하얀 침대 위에 떨어지는

제4부 활짝 열린 접촉

그날 밤

그날 밤, 찬바람 피하며
온갖 시행착오 다 겪고 그대 앞에 왔어요
그대는 맑은 물 한잔 따르며, 먼지 털고 앉도록 권한 후
녹차 한 잔 내 오는 시간 지나
제 왼쪽에 앉았지요

그대는 점점 긴장되고 당황하여
몰래 심호흡하며
말 한마디 하다 도중에 멈추고는
갑자기 제 손 잡으며 말했죠
"내 마음속 말 못할 비밀 있었나 봐. 심장이 쿵쿵 뛰어."

가슴 뛰는 비밀 가득 안고 있는 당신 어루만지며
비로소 알았어요
반생의 연분 마음 끝에
복사꽃이1) 그대를 내 얼굴 위 잘못된 길로 인도했다
는 것을

---

1) 복사꽃은 남녀관계를 상징하기도 한다.

<
그대는 2년 동안 자제하며 기다렸으니
이 때 그대에 의해 도화선이 불붙자
저는 폭발하고 말았어요

추위는 따스함의 한 부분
- 내 그림에 부치는 시

내 금생의 한 부분
한 획 한 획 이 그림 속에 숨겨 넣었다

내 누구와 숨바꼭질을 하는가
내세는 윤회의 색깔 위에 높이 내걸린다

꿈이 시간의 반대 방행을 향해 퍼져가니
낮은 밤의 틈새가 되고
고통은 틈새 속에서 사랑의 한 부분이 된다

마치 사랑의 습관이 사소한 데에서 소실되듯
응접실 가운데서 퇴장한다

만약 추위가 따스함의 한 부분이라면
삶 역시 죽음의 한 부분

한 순간 영혼이 색채 중에서 깨어나니
그림자가 붉은 색, 노란 색, 남색으로 환원된다

〈

나는 또 삶을 각종 녹색으로 조화시키고
죽음을 칠흑색으로 추상화시킨다

빛

그냥 이렇게 공기 마주 보면
온몸에 번개가 치고 천둥이 운다
마음속 밀봉된 목소리들이
함께 외친다……

보……배, 내……사랑
곧……곧…… 도착하리……

보고 싶어…… 죽겠……

닭살 돋고
말하기 거북스럽고
조리 없는
횡설수설 미친 소리들

그리고는……

방안은 책과 같은 고요함이

온통 깔린다

그대는 모를 거야
깊은 밤, 침실의
알람시계가

낡아빠진
시간 물방울을 똑딱거리며
나를 황홀케 하는 소리를

그대는 모를 거야
책으로 둘로 나뉜 내가
놓아주기를 갈망하는 다른 면을

그래. 아직 그대에게 빚지고 있어
한 번의
만물이 활짝 피는 절정을

＜
아픔과 한 오라기 죽음의 연기

요 몇 년, 나는 슬프고 괴로워
텅 빈 구름 속
가장 좋아하는 사람이 기후 밖에서 차갑게 변하여
운명 속에서 발버둥 치며
하룻밤 사이, 내심의 세찬 바람에 의해 하늘가로 날려
간다

나쁜 소식은 폭우처럼 갈수록 더 거세지는데
우산 쓰니 갑자기 비가 공중에서 멈추고
기억의 통증이 허공에서 억수로 쏟아지니
온몸이 떨리고, 갈 곳이 없구나

봄 함박눈은 짧고도 은밀하여
세계는 변태가 되어 차가운 수면에 떠오르니
나는 조용히 눈물 흘린다. 눈비가
또 내 얼굴에 떨어지기 시작한다

〈
손 뻗어 만지니, 아픔과 한 오라기 죽음 연기가
손끝에서 이마로 올라온다
가을의 죽은 껍질이 겨울 얼굴에서 떨어지니
사랑은 겨울 문턱에 한발 들여놓고
나는 뼛속까지 아픈 상처로 술을 따르며
한평생 공기와 결혼한다

영혼의 자매
— 츠비타예바에게

졸려 죽을 지경인데 조금도 잠기가 없어
나무 침대에 누우니, 문틈 비집은 한기가
손톱을 드러내어 눈꺼풀을 꼬집고
유골들의 심연이
나를 응시하고 있네

한 쌍의 눈이 렌즈에서 벗어나니, 당신은
—츠비타예바
낙엽 속에서 연명한 러시아 여인
고개를 드니, 이마가 아주 높아
옐라부가로 후퇴하지 않을 수 없었고
러시아의 심장 멀리하고, 한 시대와 결별했구려

나는 베이징에서 슬픔을 호흡하며
녹과 피로 얼룩진 창백한 나날을 보냈네

총알은 사람들을 울게 만들고

감옥은 문 활짝 열고
죄명 쓴 형제, 자매, 사랑 향해 덮쳐왔네
거대한 대오가
번쩍이는 수갑에 채워져 철장 속에 갇히듯이

배가 고프지만, 음식을 삼키지 못하니
위는 심하게 울부짖으며 반항하고
이처럼 두드리는 내부의 통증은
아무도 금속 열쇠로 잠글 수 없네

마치 그대, 머나먼 러시아의 언니
고난 중에 처해있지만 고귀하듯이. 그대 돌아갈 집이
없구려!
한 가닥 생계가 청산 밖 어두운 불빛에 걸려 있어
가냘픈 몸 안중에 두지 않지만
당신 머리 위 눈부심은 여전하구려

츠비타예바, 내 영혼의 자매여

당신의 고난을 견지하는 것이 당신의 고귀함을 지키는
것이니
 시베리아 눈꽃 한 송이와
 혈연이라는 단어 하나로
 나의 전생 저당 잡으시길

 나는 당신 손잡고 제국의 암흑 뚫고 나가
 다시 한 번 하늘에 호소하고, 죽음을 고발하며
 시로써 그대 위해 살아가리라

선사시대의 UFO석

원고시대의 돌 두 개
우주의 소용돌이가
시간 가운데 키워낸 흉터
오늘날, 인류에게 전시되었다
비밀이 무궁한 이 세계는
자폐증을 앓아
광활한 역사에 입 꾹 다물고 있다

견딜 수 없어 손가락 내미니
깜깜한 무늬 따라
한 바퀴 또 한 바퀴
광년을 격한 이 친밀함
만져지는 인류의 이 탐욕과 고독

내 몸으로 하여금
순식간 텅 비게 만드니
꺼져가며 작아지는 나
한 방울 시간에

눈가가 젖는다

하나씩 하나씩
가볍고 가벼운 공허함이
밀려들어온다

물 고궁

7월에 폭우가 쏟아지니
60여 년만의 이변
천둥소리는 하늘 가득한 번개를 산산조각 냈다

첸먼前門에서 중구러우鍾鼓樓
팡산房山에서 스징산石景山까지
베이징성을 깨끗이 쓴 후
성동격서 작전이 펼쳐졌다
골목 물이 붇고 불어나
고궁, 빨간 돌 하나
큰물에 둥둥 떠 다녔다

빨간색 궁중담장
한 줄기 섬광
전조 궁녀와 내시들이
종종걸음으로 움직이니
사산화삼철(Fe304) 속에서 떠올랐다

〈

자금성

또 다른 번개에 의해 부활되니

강산을 교대로 호령하던 제왕 24명

수은이 흐르는 권력의 깊은 곳에 엎드려

서둘러 진실의 얼룩 씻고

세월의 거짓 풍경을 꾸며대고

예컨대, 남궁유폐南宮幽廢1), 가을에 누런 낙엽졌고

예컨대, 탈문지변奪門之變2), 납으로 칼빛을 봉쇄했으며

예컨대, 정격사건梃擊案3)과 홍환사건紅丸案4), 사건마다 피비린내 났고

예컨대, 이궁풍파移宮風波5), 파문이 먹구름처럼 일었었지

침대에서 왼쪽으로 기지개만 켜도

---

1) 명나라 영종英宗이 동생에 의해 남궁에 유폐된 사건
2) 1457년 명 영종의 신하들이 다시 영종을 황제자리에 복위시킨 정변
3) A.D. 1615년 명나라 태자가 피살당한 정치사건
4) 명나라 태창泰昌제가 즉위한지 얼마 안되어 일어난 궁정 사건
5) A.D. 1620년 명 관종光宗이 죽은 후 총비를 다른 궁으로 이주시킨 사건

머리가 바로 땅에 떨어진다
7월의 폭우처럼
물속의 돌들 하나 하나는
고궁 속 해지기전 잠시 빛나는
벽돌과 기와조각 위에서
역류한다

물 고궁, 물 고궁
한 층 한 층
말 못할 괴로움의 소용돌이 쌓고 쌓여
잔잔한 물소리로
강산을 미화한다

거문고

구름 속 파고드는 퇴폐적인 음악이여,
거문고가 손끝에서 화려하게 놀아나니
매화는 풍랑 끝에 절명하고
인과는 함축적이며 의기소침 한 듯 싹을 틔운다

벌집 냄새 묻은 뜬 구름에 물 흐르는 소리가
귀로 흘러 들어오니
생사를 넘나든 날개들이 물 위에 떠있다

떨림, 모골이 송연한 저음
쇠진하면서도 넘쳐나는 종족을 수반하고
불쌍한 존재! 멋대로인 생영
하나의 줄 위에서 죽음을 자초하고 있다

손 끝 연주의 튀어오르는 불길
불타는 퇴폐적인 음악이여
다른 줄에서 혼을 건지니
우주의 전생과 금생은

일곱 개의 현에서 퉁겨지고, 공진한다

당신의 미모가 시든 후
물아래에서 거문고 연주하는 소리가 들려오니
아마도 노년의 환각이겠지만
진하게 감동적이고, 순수하다
마치 한 무리 검은 학이
먼 원고시대에서 날아오자
한 시대의 제왕이 자취 감춘 것처럼.

루산廬山의 추석 보름달

추석,
하늘에 걸린 금화 한 개
한 세대 한 세대들이
인류의 팽창하는 지출을 책임진다
세계도시의 밤은 불빛이 휘황찬란하고
달빛은 빈티지 무광유리같이
인간의 잔꾀에 빼앗기고
종이 위의 산수를 장식한다
마치 햇살 비친 상처처럼

등불이 약탈해간 어두운 밤은
동물의 공포를 출판하고
인간 세상은 생체시계에 의해 혼란해지니
해일, 허리케인, 대지진을 거두는 세월을 따라
허탈해지기 시작한다
플라스틱 진리라는 통통한 손은
문명으로 부어오른 몸을 조종하고
죽음의 신은 시간의 화살을 부러뜨리며

노려보고 이를 간다

그러나 오늘 밤, 나는
도시의 광명과 빌딩에 함몰된 육체에서 벗어나
루산에서 거울 보며 화장할 것이다.
흐르는 달빛 한 움큼 받쳐 들고
깨끗한 얼굴로
고개를 드니, 비 온 뒤 계곡의 소나무 가지
높은 하늘, 먼 곳과 연결되어 있고
한가위 달의 진주, 고통에서 벗어나
내 품에 안긴 루산에 가득 떨어진다.

분노하는 돌
− 원명원 대참사 150주년을 추도하며

재난 속에서
나는 인내심 품고 사망자 수를 세었고
단호한 마음으로
남겨진 산수를 보았다
이마에 묻은 잿더미에는
150년 전 폭력의 디테일이 남아 있다

치욕의 1860년이여
나는 폐허의 이름으로
차가운 빛을 깜박이고
영원한 침묵의
나쁜 결과를 문명으로 끌어올린
인류를 동정한다

한 바탕의 화염 토벌은
원명원을 한 방울 눈물로 만들어 흐르게 했으니
인류는 수치스런 슬픔에 말려들었고
탐욕은 이 별을 더럽혔다

인류, 흉맹스러움
때로는, 냉혹함으로 통일된다

약탈, 강탈, 온통 만신창이 된 모습
모든 사람의 맥박에 스며들고
큰불에
타버린 후의 광경
동양에서
나는 인류의 가슴 아픈 유적지로 전락했다

6월의 거주(個舊)[1]·공장 옛터

6월, 거주의 성질은
좀 급하여
날씨가 흐리다 하면 바로 비를 뿌린다

우리는 우산 쓰고
해설자의 뒤 따라
빗방울 밟으며 민요를 수집했다

세계적인 주석 도시의
폐기된 낡은 공장 건물에서 들은
수십 년 전의 어느 날 황혼 이야기

일본 폭격기 폭탄이
빗방울처럼 떨어졌고
주석을 제련하는 공장 건물 곳곳에 뭉게구름 피어올랐다

---

1) 거주는 윈난雲南성 홍허紅河 하니족 이족 자치주 관할 시이다.

비는 갈수록 거세지고 무고한 죽음

6월의 폭우처럼

머리, 발꿈치에서 가슴까지 적셨다

파미르를 업다
- 내 그림에 시를 부치다

하나의 생각이 색깔 위에서 떠오르고, 하나는 용솟음이 바다의 푸른 깊은 곳에서 솟구쳤다.

우리 집의 순모 수제 카펫은 세계의 지붕 파미르에 있는 키르기족 부락에서 짠 것이다.

카펫의 신비롭게 비상하는 도안과 색채는 나를 매료시켰다.

도안은 나를 완벽하게 통제하여, 그를 마주하면 생각이 응고되고, 등지면 생각이 꼬리를 물었다.

이렇게 내 그림이 탄생했고 '파미르를 업다'라고 이름지었다.

나는 아무 말 하지 않고, 단지 이 화면을 통해 포착하려 한다.

마치 그 생각 한 모서리에서 잔잔하게 기복을 이루는 슬픔처럼

--머리말

바람 멎어
덩굴 밑에 앉으니

쿠무쯔 악기의 소리
앵두 두 알 붉게 물들였다

참새가
멀리 날아가는 자신의 그림자
보고 있다

입술가 유리
참다못해 부서져
맛 좋은 포도주의
발효된 기분
앗아갔다

뒤돌아보는 순간
수없이 많은 것들이 피어나리라

제황칠성帝皇七星

표면은 나룻불이 지나는 코크스 같은
달걀 모양 얼굴
황야에서 수억 년 조용히
기다리니
운명 같은 두 눈이
우연히 알아 보았네

시공을 꿰뚫은 아름다운
가장 길고 또 가장 고독하니
만 년에 겨우 1미리씩 자랄 뿐

이 단절된 곳에서 손 하나
마음 하나, 느릿해져
예로부터 내려오는 때, 불순물,
경박함을 작은 종유동에서 깨끗이 비웠다.

순간
에메랄드 꽃 일곱 송이

큰 진주 다섯 개
작은 진주 열두 개
수정 종유석 네 개

이 돌 내부의 번개, 현기증
시간의 광석층 헤치고
낮은 톤과 떨리는 빛으로
동시에 피어 나네

후타이1) 단상

한 무더기 흙더미, 높이 30미터.
석양 아래 잡초 무성했고
아무 거리낌 없는 듯 약간 황량했다

황혼 무렵, 내가 밤하늘 쳐다보면
가끔 잡초 같은 마음이 솟구치는 것처럼

또는 내가 천육백여 년을
접은 시공간 속에
시닝시 서쪽 후타이
한을 보여주는 것처럼

흙 속에 파묻힌 진상은
여전히 태양의 황금단지에
봉인되어 보관되고 있다

---

1) 후타이는 동진東晉시대 A.D. 402년 남량南涼왕조의 3대 임금인 욕단이 시닝西宁 서쪽교외에 지은 9층 황토 대이다.

남량 전쟁 때
태자의 후타이에
소란이 일어났다

말이 황허를 건너자
양식과 미인은
말 등에 묶여 바람에 흔들거렸고
바람소리는 학울음소리 같았다

동물이 사나운 남량
피비린내로 운명 다한 남량
겨우 18년 만에
삼대 임금으로
운명이 다하고 말았다

후타이 유적지에는
야생의 작은 풀들이
저자세로, 베풀듯이, 겸손하게
먼지 속에서 숨 쉬며
끊임없이 이어가고 있다

불심

부처님이시여!
당신 손바닥의 그 구슬
진주인가요? 마노인가요? 보석인가요?
모든 이 탐내 하는 좋은 물건이지요……

대대로 이어지는 관광객들이
동서남북에서 몰려와
무릎 꿇고 절하고
당신 수중 보물을 가늠해 봅니다

입으로 주문 외웁니다.
부처님께서 보우해 주시어
승진하고, 부자 되고, 마누라 죽고,
명성 크게 떨치고, 복권 당첨되게 해주시고
왕씨네 둘째 녀석 자손 끊기게 해주세요

부처님, 이 소원을 들어주세요……
부처님, 그 녀석을 벌해주세요……

이어 하늘과 땅에 구하고
해양과 삼림에 구하고
동물과 어류에게 구하고
달과 은하수에게 구한다

손 내밀어 구하고, 무릎 꿇어 구하고,
총대 들고 구하고,
핵무기 가동해 구하고,
구하고 구하고 구한다! 끊임없이 구한다……

부처님은 엉망진창인 인간 세상 보고
여전한 불심을 마음속에서 꺼내
천여 년 변치 않은
중생에게 진상을 볼 수 있는
봉황의 깃털이나 기린의 뿔같은 희귀한 것을 내려주셨다

천지

백두산 천지
뭇 봉우리에 받들려
타원형 비취옥처럼
광택은 내부로 감추고 깨끗하네

나의 경박함, 급급함
사교적인 마음, 과장된 옷차림과
운무 사이에서
차이와 대비를 이루고 있구나

놀란 바람
먼지 말아 올려
산 중턱 골짜기에서 불기 시작하니

시간의 고목
괴석, 진가한 풀, 멧돼지
호랑이, 들꿩

역사의 먼지 속에 모이네
호박처럼

내가 돌아서니
작은 곤충 몇 마리
육종용 두툼한 뿌리줄기에 숨어버리고
햇빛은 그윽한 골짜기 꿰뚫고
침엽수림 통과하여
추석의 백두산에 금가루 뿌리는구나

천지의 물결 살랑살랑 민첩하게 움직이니
참을 수 없는 눈물
한 방울 작은 감격처럼
굴러떨어지네

마치 천지의 물 갈라진 틈으로 넘쳐나
절벽에서 세차게 흘러내려
천 미터 감격이 된 것처럼

코스모스

응, 내 이름은 코스모스
해발 5300여 미터 낭첸囊謙에 살아
나는 이슬과
부드러운 잔디에 누워
무지개가 내 소매
끌어 올리는 걸 좋아해

한족 아저씨, 아줌마들
모금해서 지어준 학교와 푸른 하늘, 구름,
보리, 칠색 꽃잎으로
둘러싸여 이루어진 대화원을 좋아하고

흰색 분필은 병사들처럼 가지런히 줄지어져
선생님이 칠판에
한 획 한 획 그어지기를 기다리고 있네

나는 이모의 작은 거울 꺼내
아침의 신선한 태양을

칠판에 걸었지

학생들은 뛰어 다니고
솟구치는 먼지와 풀씨들
양똥과 버터 섞인 냄새는
건조한 공기 속에 떠다니네

나는 감자, 도자기 접시, 사탕,
패딩 점퍼 위에서 한어 병음 연습하고
야크와 별의 졸음 속에서
본문을 암기하지

꿀벌과 꽃술의 속삭임 속에서
달콤함
행복과 사랑의 곱셈을 계산허고

아침 햇살이 비출 때 나는 새의 날개에
감사의 깃털로
병음으로 조국이라고 썼네

사랑은 길 위에
- 위수玉樹1) 아이들에게 바치는 시편

나는 한번 또 한 번
동영상, 사진, 지도에서
너희들과 만났지
보아하니 너희들은 5살,
7살, 10살, 12살?
고산지대 상징인 빨간 두 볼
두 송이 채송화처럼
작은 얼굴에
붉게 붉게 피었구나

말총머리 머리끈과 머리핀은
사방팔방에서 보내줘서 각양각색
보아라, 너희들의 작은 손과
손톱에는
먼지와 때가 잔뜩 묻어
촌스럽게 천진난만하고
마치 위수 마이융롄촌麥永聯村

---
1) 칭하이성青海省에 있는 티베트 자치주의 위수현을 가리킨다

텐트 초등학교
풀밭에 활짝 핀 들꽃처럼
노란색, 하얀색, 분홍색……
고원에서 끊임없이 피는구나
너희들이 밟은 어린 풀이
전율하는 바람 일으키니
가축 혀에는
약간 쓴 꽃술과
은은한 풀 향기
그리고 방금 있었던
그 화재의 냄새가 아직 남아 있구나

그래, 보거라
게걸스러운 막대기 사탕과 완구는
너희들의 책상 위에 놓여 있는데
어쩐지 장식품처럼 보이지 않니?
약간 눈에 거슬린다!
너희들은 의구심 품은 눈빛으로

화면에서 뛰쳐나와 오랫동안 나와 눈을 마주치니
눈에 보이지 않는 침처럼
내 마음을 찔렀다

내 일생의 단어를 모두 사용해서
죽음의 대합창을 막을 수만 있다면
평생 실어증에 걸리는 것도 감수하리라

놀란 양떼는 구름처럼
위수의 하늘 아래에서 장소를 옮기고
파오는 점점이
떠났다가 다시 돌아온다
푸른 풀은 노랗게 변하고
외로운 추위는 높은 곳으로 올라간다
이 순간에 산다는 것
뚝뚝 떨어지는 눈물은 모두 보리알
달이 환하게 비치는 고산지대
별들은 아이들 따라

냇가에 놀러 오니
너희들의 고향은 인가가 드물지만
가는 곳마다 절경이로구나!

그렇다. 아이들 머리 위에는
흰 구름이 유유히 흐르고
사탕 쥔 손은 따뜻하고
운명은 바옌카라산처럼 더 단단해진다
너희들에게는 자연적인 계산법이 있지
"베이징은 너무 외져서
한 번도 가본 적이 없어요"
너희들의 소박한 생각은
내 도시의 머리를 비우게 했고
허망함, 교만함은 사라지게 했다
아이들은 나에게
사랑의 가르침을 주었다

눈 감고,

도시의 먼지
마음 써 깨끗이 털어버리고
다시 길을 떠났다
사랑의 먼 길
베이징에서 시닝까지
바옌카라산巴顏喀拉山 넘고
퉁텐허通天河 건너
들꽃과 구름이 만발한
마이융렌 텐트 초등학교에 이르는

그래, 사랑은
길에서 걷고
서남 방향으로 날아
조금씩
아이들의 외롭고
여린 마음에 스며드는 것

숲 이야기

이곳 바다에 놀러 오니
야생적 자연
르웨완(日月彎)[1] 물보라는
허리 구부리고 웃었다

숲속 여인숙 시인은
신선한 햇빛이 들 때
달, 별, 잠자리 위해
야자수 한 그루 심었다

어둠이 짙어질 무렵
여인숙 펑(馮)사장은
한 무리 맨발 시인들 데리고
해변에 게 잡으러 갔다

모든 사람이

---

1) 하이난(海南) 완닝시에 있는 반달형의 만으로 유명한 관광지이기도 하다.

집중하고 몰입했다.
백사장에 엎드려
놀이에 미친 장난꾸러기처럼
굴을 하나 또 하나
파헤쳤다

잡았다
한 마리, 두 마리, 다섯 마리
게에 물려 지르는
날카로운 시인의 비명
출렁거리는 파도와 함께
밤하늘에 엉켜졌다

포획은 단지 게임일 뿐
시인은 엉덩이 두드리며
바짓가랑이에 묻은 모래 툭툭 털었다
부드러운 마음과
겁에 질린 게

모두 방생했다

몸부림과 원죄를
놓아버린 시인
파도와 조개껍질 밟고
숲속 여인숙으로 돌아왔다

보아라, 저 낮게 드리운 별
정면으로 다가왔고
아파트 옥상에 무수히 나타났다
감사의 속삭임처럼

둥산링東山嶺[1])에서

둥산링에 오르니
펑둥스風動石[2])가
치마와 발밑에서
흔들리고
마음도 돌 위에서
흔들거린다
신의 소매처럼
구름이 그것을 낚아챈다

---

1) 푸젠福建 장저우漳州 시에 있는 산이다.
2) 푸젠성 둥산링에 있는 돌로 국가공인관광지이다.

나는 무슨 계절로 너를 사랑해야 할까?

진둥金東[1], 나는 무슨 계절로 너를 사랑해야 할까?
물푸레나무 꽃, 복사꽃, 딸기,
앵두, 무화과, 드래곤 후르츠
살 냄새와 수줍음 머금고
세속적인 눈들 내치며
세월의 입맛 기다린다
백 년 묵은 녹나무, 천년 된 토송
봄의 틈새와 침묵의 상처 지녔다
마치 오래된 친구 데리고 가지 치고 잎 펼치 듯
여기, 천국은
달빛 흔들리는 나뭇가지 끝에 지어져 있다
진화金華의 불수佛手감 따서
귀에 대고
천국이 말하는 걸 듣는다.

---

[1] 진둥金東은 저장성浙江省 진화金華시의 한 구이다.

자고鷓鴣 시냇가[1]

자고 시냇가에
수 천 수 만 개의 별들이
옛 읍내 다리 밑으로 흘러
물고기, 낙엽, 밤의 기운과 함께
물속에 비단 수놓고 있다

나뭇가지 끝에서 봄의 짙은 향기가 풍겨 나온다

누구 집 문고리가 뒤에서 울리나
삐걱하는 소리 함께
검은 기와, 분홍색 담벼락 집에서
털 보송보송한 얼룩 고양이 한 마리
비단 치맛자락 옆으로 달려 지나간다

---

[1] 저장성浙江省 후저우湖州시에 있는 시내의 이름이다

몸에 걸친 별

여름밤, 뛰어오르는 물고기
따밍호수大明湖 연꽃들 송이송이
씁쓰레한 연밥 활짝 열고
살짝 추파 보내, 날고 있는 솔개 품에 안는다
호수 가운데 섬속 수양버들, 달빛으로 치장한 후
나를 기슭으로 부른다
가벼운 기침 소리
호수 가득한 별들
산들바람으로 하여금 옷자락 걷어 올려
내 몸에 걸치게 한다

오늘 밤 망고는 잠 못 이룰 것이다

류저우柳州 도착해서
내가 첫 번째로 만난
과수는 키가 아주 작았다
나는 참지 못해 오른손으로
나무에 달린
망고 두 개 만졌다

한 쌍의
대자연의 풋풋한 작은 유방처럼
섹시하고, 부드럽고, 매끈했다
당신이 만지면
부끄러워 전율할 것이다
오늘 밤 망고는 잠 못 이룰 것이다

작은 무대

작은 무대 준비되니
꽃잎에서 떨고 있는
이슬방울 속 아침햇살

아름다움이란
봄 햇살 충만한 날
백성 얼굴에 나타나는 찬란한 표정

여기에서
자신의 작은 우주
열고
작은 무대에 서서
평범한 백성이라는
최고의 작은 주역
맡고 싶다.

작은 별, 작은 달
법률 저울에 올려놓고

태양을 쓰구냥산(四姑娘山)[1]에서
구르게 한다

평범한 사람, 일반 백성,
작은 무대에
마음 올려놓는 것이
바로 세계 최고의 무대이니

---

1) 쓰촨성 아비(阿覇) 장족 치앙족자치주에 있는 산으로 국가 공인 관광지이다.

염제, 염제

차가운 빗방울
염제릉炎帝陵 가는
나를 때렸다.
"어디서 왔나요?"

띠 풀 같은 세월
제멋대로
수 천 년 흐르고
당신 무덤
다시 운이 돌아오기 시작했다

운명의 애 끊어지는 슬픔
바람에 흔들거리고
미수이허洣水河[1]가 백성들의
가슴 쥐어뜯는 통곡 소리
빗방울과 함께 더 커졌다

---

1) 미수이허는 염제릉에서 발원해서 후난성湖南省을 흐르는 강

폭죽 터트리고 향 올리던 행동
갑자기 멈추더니
일깨워주었다.
"어디서 왔나요?"

징화鏡花계곡가
풀 뽑고 있는 여인

그녀가 하나씩 하나씩 뽑고 있는 것은
까맣고 차가운
얼어붙은 단어들

주저우(株洲)의 비

작은 빗방울 그대의 하늘에서
수줍게 떨어졌다
늦게 돌아오는 가족
나를 밀회하는 듯

주저우의 비
주저우의 차가운 시간
주저우의 숨결
나의 폐를 씻어준다

누군가 이렇게 말했다.
염제릉 제사 지낼 때
북치고 폭죽 터뜨리면
비 곧 멎는다고

염제에게 제사 지내고

---

1) 후난성 창사(長沙)시 동남쪽 도시 이름이다

비에게도 제사 지내며
82% 차지하는 녹지대에 제사 지냈다.

오, 여기의 신
민간에 촉촉이 젖은 채 있구나

칭제靑街[1] 스케치

태양이 랑廊다리
오래된 녹나무 꼭대기에 올라왔을 때
품속 매화
칭제 가득 떨어진다

시골 여인 소매 높이 걷어 올리고
뱃살 드러내며 연못가에서
쌀 씻고, 채소 씻는다

개울가에서 나무망치 들고
탁―탁―탁
두드리며 빨래하는 여인
놀란 새 몇 마리가
맹종죽 숲속으로 날아갔다.

세월에 스쳐 닦인 청석판

---

[1] 칭제青街는 저장성 원저우溫州시 핑양平陽현에 있는 서족畬族 민족촌에 있는 길이다.

원래의 거친 느낌 이미 없어지고
밤 골목, 밝고 매끄러워
삶이 남긴 사합원처럼
맑고 그윽함이 깊은 곳에서 풍겨 나왔다

비 내리고, 과일 떨어지는 하늘

광시廣西
비 내리고, 과일 떨어지는 하늘
천둥소리
번개조차 과일 향기가 난다

공기 한 가닥 한 가닥 모두 보습되고
나무 한 그루 한 그루
거리낌 없이 꽃 피우고 열매 맺는다

또 바람 부니
길 양쪽 벤자민 고무나무
흔들리는 초조한 자세로
전신의 뿌리 펼치며
번개의 혼을 빼는 은밀한 포옹을 맞이한다

또 나 같이 단기간 묵는 피상적이고 소비적인
이방인의 도래를 맞는다

빗물이
수줍어하는 모든 잎사귀 두드리니
거리 가득한 우산
임신 중에 이동하는 버섯 같다

겸허하고 습해진 도시
공기가 진동하고 있다

온 도시의 과일나무는 귓속말로
논쟁하기 시작하고, 잠시 후
우두두둑 단체 합창 일어나
축축한 리츠, 망고,
용안龍眼, 파초, 스타푸르트, 자몽……
하늘에서 뚝뚝 길가에 가득 떨어진다

내가 쭈그리고 앉아, 땅 위 부서진 열매 주우니
과육과 하늘만을 사랑하는 작은 벌레
놀라서 과일 씨 속으로 들어간다

내가 본능적으로 모공을 움츠리니 그 불안한 그림자가
내 내면의 초라한 모습과 너무나도 닮아 있었다

어젯밤의 눈

밤새 큰 눈이 내려
어젯밤 지면위의 손금이 희미해졌다
앉아있는 모습이 평안 무사하니
털실 한 가닥이 피어 올린 불꽃
충분히 겨울을 막아 낼 수 있으리라

창밖의 눈 밤새 내려
내 방 여전히 차가운데
동상 걸린 과일처럼 속살은 그대로 따뜻하구나
물로 만든 뼈가 상처에서 흘러나올 때
나는 죽음이 여름의 빙설로 변한 것을 보았다

하룻밤의 큰 눈이 약간 취하여 알코올 속에서 빨개지고 휘발되니
공기 속 그윽한 향기 여기저기서 숨을 쉰다
음기가 넘치는 남자 생각났는데
임신이나 유산 한 번쯤 했을 것 같다
자정에 많은 얼굴이 내 앞에 잇달아 나타났는데

과거 입으로 불을 토하던 것과 달리 늦가을 매미처럼 아무 말 못했다
저고리와 치마는 분홍색. 목조 누각에는 밤마다 세찬 바람 불었지만
내 소매 은은한 향기 풍겼고
또 다른 큰 눈 속에서는 매화에 기대고 있었다

밤새 큰 눈이 내리니
대낮은 태양의 변명일 뿐
산소, 나비, 검은빛
눈송이 깨끗하고, 눈부시게, 높은 곳으로 떨어지게 했다
한 여인이 여유 있게 죽을 수 있으리라

거울 속 사람

서리 내리는 날
거울 속 여인도 옷을 떨어뜨렸다
내 줄곧 수은의 깊은 곳에 사니
조심조심 숨 쉬어도 감기에 걸린다.
거울은 벽에 걸려 있고 뱀은 3월에 의해 길러진다

그리하여 한 남자 빈번히 술 마셔 두통이지만
매사에 꼼꼼하여 몰래 편지 주고받았다
받쳐주는 머리가 컵 속에서 깨지고
유리에 빠진 여인은 요정이 되었다

2월은 비가 덜 오고, 3월은 또 바람이 새니
날씨가 좋든 나쁘든 꽃들은 각자 경청하며
나더러 국화 속에서 손을 씻으라 한다
열 손가락으로 상처를 푸니
왼쪽으로든 또는 오른쪽으로든
나무 아래 여인의 노랫소리는 사방에서 들을 수 있다
족히 일생을 지배할만한 것은

글자 있는 삶과 상자 속 경치이다
거울 속 여인은 몸 전체가 투명했고
걱정거리 하나 품고 몰래 세월을 보냈다
마치 바닷물이 물동이에 빠져 영원히 허전하고 목마르
듯이

내 시로, 너를 사랑할게

머리말:

거의 2월 마지막 날, 푸장浦江[1] 상허上河허촌 깊은 산 속에서 실종된 지 3박 3일 만에 구조된 소녀 천신이陈寿怡를 만났다. 한 줌의 앞머리는 그녀 이마에 미끄러져 내려왔고, 주눅이 들어 있었지만 따뜻함이 느껴졌다. 그녀 앞머리 아래로는 밤의 눈물과 추위가 흘러내렸고, 새까만 눈에는 아직도 밤의 공포가 남아 있었다.

내 푸장의 아이
나를 용서해다오
이 시는
마치 주저하다 내리지 못한 눈처럼
내 마음속에 걸려 있었다

---

[1] 저장성에 있는 현의 이름

나는 2월 28일
상허촌에 왔는데, 12일 전
지휘부 현장 의자에서
눈물 한 방울이 자꾸 밖으로 흘러내리더구나

세 아이 들어간 산속 경로 따라
숨 헐떡이며 저수지까지 올라갔고
정글로 들어갔지

나무가 쓰러져 길 막았지만
길 부수어 상처 냈고
내 마음에도 군데군데 상처가 났단다

사랑하는 아이야
축축한 2월
축축한 길
죽음의 신 2월의 길 위에 있더구나

달빛이 너희들 작은 손 이끌고

3박 3일 동안
사람 사는 흔적 찾을 수 없었지

연결이 끊어진 천만의 초조함
천만 마음의 아픔

사랑이 있기에, 이 세상은
달렸단다 헬리콥터
77구조대, 구조견

강한 오빠들이 책상 내리치며 단호하게 결심 했으니
오로지 사랑만이 죽음과 경주할 수 있었다

아, 푸장의 아이, 내 사랑아
너희들을 찾아 헤매는 날
속세의 많은 박정한 마음도

사랑을 되찾았고, 자신을 구원했단다

나를 용서해다오
단지 이 늦은 시로
어른들의 미안한 마음 참회하마
이 별에는
아직 얼마나 많은 아이가
굶주리고, 어느 구석에서 사라지고 있을까

내 푸장의 아이
나의 사랑이여
이제 너희들은 마음껏
봄의 햇빛 즐기고
기이한 것 찾아다닐 수 있구나

나를 용서해다오
반수의 시로만 너희를 사랑할 수 있음을
나머지 반은

아직도 큰 눈 속 어느 구석에선가 몸부림치고 있을
아이들을 위해 남겨두려 한다

■해설■

칼끝 위에서 춤추는 시인
- 샤오샤오의 최근 시 인상

팡둥龐冬(시인)

샤오샤오는 중국 당대 저명한 여성 시인으로, 1983년부터 시를 쓰기 시작했다. 장편시로는 「다른 세계의 슬픈 노래」가 있고, 시집으로는 「나무 아래 여인과 시」, 「발끝으로 서는 시간」 등이 있다. 20여 년 동안 그녀는 시종 묵묵히 내면을 위한 시 쓰기를 견지했는데, 그 시는 독특한 개성이 있고 사상의 깊이가 있어 날이 갈수록 많은 사람의 주목을 받고 있다. 시인이자 시 평론가인 왕자신王家新은 "일반 여성 시인 시에서는 보기 드문 '금속성의 음질'이 있다"고 평가했고, 량샤오빈梁小斌은 '우리 시대 시의 어근', '높은 곳에 떨어진 시인'이라고 평가했다. 두 사람의 평가는 다르지만, 모두 현재 시단에서 샤오샤오 시의 특별한 의미와 영향을 말해주고 있다. 샤오샤오의 또 다른 신분은 약 30년에 걸친 '몽롱시'의 산 증인으로 1993년부터 『중국 현대 시 편년사 총서』(『전 몽롱시 전집』, 『몽롱시 전집』, 『포스트 몽롱시 전집』과 『중국 당대 시가 비평전집』 포함)를 선정 편집하는 일에 책임자의 역할을 맡았다. 이 총서는 중국 당대 시가에 광범위한 영향을 미쳤다. 연작시 「사랑의 만가(10수)」, 「영웅 만가(7수)」, 「영혼 만가(9수)」는 샤오샤오의 최근 몇 년간의 작품으로, 이 글은 위의 세 편의 연작시를 깊이 있게 분석함으로써, 샤오샤오 시에 나타나는 말로 표현하기 힘든 내재적인 특성을 탐구하고자 한다.

1. "영혼에서 행복 찾기"

여성 시인으로서 샤오샤오는 자신의 여성 의식이 강하다고 인정하면서도, 구체적인 시 창작을 보면 비평가들은 그녀의 시가 동시대의 다른 여성 시인들의 창작과 아주 다르다고 지적한다. "그녀는 거의 유일하게 자신의 시에서 '어두운 밤을 취소'한 여성 시인이다. --그녀가 살았던 그 시가의 세월 중에서". 그래서 그녀의 대부분 시에서 우리는 거짓으로 꾸며진 무병 신음과 히스테리적인 저항을 좀처럼 보지 못한다. 그녀는 "마음 깊은 곳에서 우러나온 하소연이 무턱대고 반항하는 것보다 더 힘이 있다"고 생각했기 때문이다. 고난, 아픔, 외로움, 고귀함은 그녀 시의 키워드이다. 그녀는 생명과 정신 내부로부터 시를 감당하는 것을 고집한다. 샤오샤오의 최근 시는 시인의 현실에 대한 깊이 있는 관심과 사고, 진선미의 부름과 이 물질적 삶이 판치는 시대의 인류 영혼에 대한 궁극적인 문제를 극명하게 부각시켰다. 시인이 특별히 '만가'로 명명한 이 세 편의 연작시(「사랑의 만가」, 「영웅 만가」, 「영혼 만가」)는 "이 현실 세계에 대한 시인의 상상과 사고, 불만과 깨우침"을 심도 있게 표현했다.

한 영웅이/세월에 사로잡혀/가을 호랑이의 입에 떨어졌네/궁지에 몰린 짐승보다/더 고립되어 외롭고/더 죽음의 사냥감 같네.(「죽음의 사냥감」) 한 영웅이/파멸한 빛에 올라타고/삶의 허점에 풍당 빠져들면, 찢어진 흉터가 점점 커지네/가족과 친척을 반목시키고/감정과 감정이 서로 전쟁을 하네(「파멸한 빛에 올라타」). 영웅이 없는 시대인데 시인은 '이상' 속의 '영웅'을 위하여 시적인 만가를 쓰고 있다. 세월은 거대한 검은 동굴로 그것은 시시각각으로 모든 사람의 마음을 삼켜버렸고 영웅도 세속적 운명을 면치 못했다. 빠른 삶의 리듬, 엄청난 생존 스트레스, 치열한 시장 경쟁, 어려운 취업 전망. 콘크리트가 단절한 것은 사람과 사람 사이의 거리일 뿐만 아니라 사람과 사람 사이의 진정성, 온정과 배려이다. 결국 '영웅'은 '세월'에 사로잡혀 궁지에 몰린 짐승들의 싸움처럼 자신을 물어뜯으면서도 주변의 가족과 친구들에게 큰 상처를 주고, 결국에는 고립된 채 세월(삶)의 사냥감으로 전락한다.

포스트모던 시대에는 '영웅'이 존재하지 않는다. 설령 소위 '영웅'이 있다 해도 일상에 매몰되어 평범한 사람이 되고 만다.

설령 이상이 있더라도 고통스러운 이상주의자로서의 시인은 이로써, 우리에게 이 시대의 보편적인 좌절감을 보여주었다.

  '사랑'은 시인이 영원히 노래하는 주제이다. 많은 시인이 사랑을 깊이 찬미했지만, 샤오샤오는 새로운 세기에 '사랑의 만가'를 낮은 소리로 읊조리며, 고집스레 사랑의 '포스트 파쇄 현상'을 쓰면서, 몸을 돌보지 않고 '뒤돌아보지 않고 끝까지 나가고' 있다. 연작시「사랑의 만가」에서 우리는 어쩌면 패스트푸드 문화 시대 사랑의 부서짐, 분열, 아픔을 더 많이 읽게 될 것이다. 샤오샤오의「의시에서 삼척이나 얼어붙어」라는 시 전체를 함께 보자.

    또 다른 여자와 당신
    그리고 잔인함은
    나를 완전히 망가뜨렸어요

    10월의 천둥소리가 나의 정수리를 폭발시키니
    마음은 꼬여 올가미가 되어
    지구의 어느 한구석에 매달려
    이 한 목숨 겨우 연명하며
    반죽음이 되어 있었지요

    내 다시 안나를 만나니
    막다른 골목에 이르렀는지
    다시 한 번 철로를 향해

벌벌 떠는 내 마음을 향해 뛰어들었어요

지독한 쓸쓸함
골수까지 스며드는 바람은 내 하늘을 뒤덮었고
바람 속의 거지처럼 영혼의 피는
영하 80도까지 내려갔어요

당신과 나 서로 의지하며 살던 날들
갑자기 99급의 강진이 몰아 닥쳐
순식간에 지구 깊은 곳까지 꺼지게 했어요

흐르는 심연에는 초당 가속력이 붙은 폭력이 몰아닥치니
붕괴에서 절망까지는 겨우 1미리미터 거리
누가 나를 구해줄 수 있을까요?

불꽃은 막다른 곳에 이른 사람을 위해 상을 치르는데
달걀에서는 멜라민이 나오네요
나는 영혼을 때려 부수겠어요, 자업자득이니

오 하늘이시여, 너무도 아프고 아파요
마음이 긴박해지면, 사랑은 모두 장미 가시가 되니
비탈길에 갇힌 저는 최후의 승부를 걸겠어요
지금 이 순간, 내 머리는 의지 면에서 삼척이나 얼어붙었지만
포기할 수는 없어요, 차가운 폐허 아래에서
한때 서로 사랑했던 마음의 흔적들을 정리하겠어요

하늘이시여, 저로 하여금 제 마음을 깨부수게 해주세요
당신의 넓은 아량과 구원의 양초에 불을 붙여
그 잿더미 속의 자그마한 온기를 살려 주세요

 이 시에서 '나'는 사랑을 위해 목숨을 거는 사람인데, '당신'과 '다른 여자'가 손을 잡은 데 깊은 상처를 받는다. 막다른 골목에 이른 '나'의 마음은 안나처럼 철길에 누운 듯하다. 어쩔 수 없이 "아픈 마음을 가지고/빨리 겨울로 돌아가"(「나는 서서히 죽어간다」), 겨울의 한 모퉁이에서 외롭게 상처를 핥고 있었다. "붕괴에서 절망까지는 겨우 1미리 미터/누가 나를 구해줄 수 있을까?" 나는 이 세계가 "달걀에서 멜라민이 나오는 세상"으로, 이 세상 사람들의 도덕이 전반적으로 타락했고, 사회의 풍조는 날로 추락하고 있음을 알고 있다. 어쩔 수 없이 나는 스스로 자신을 구원하는 방법을 택했다. "내 머리는 의지 면에서 삼척이나 얼어붙었지만/포기할 수는 없어요, 추운 폐허 아래에서/ 한때 서로 사랑했던 마음의 흔적들을 정리 하겠어요//······//당신의 넓은 아량과 구원의 양초에 불을 붙여/그 잿더미 속의 자그마한 온기를 살려주세요". 오늘날처럼 '바쁜' 패스트푸드 시대에 사랑은 점점 멀어져 가니, 그 누가 쓸쓸히 진정한 사랑을 지키고, 또 그 일편단심으로 이 명사 하나를 고수하기를 원하겠는가? 사랑에 대한 '나'의 집착은 돈키호테처럼 집요하고, 우습고, 가련하지만, 오히려 강한 '나'의 의지를 부각시키고 있다.

시는 생명의 궁극적인 의의를 담아내는 매개체이다. "나는 줄곧 시의 창작이 우리의 영혼과 정신에 걸린 사업이므로 시인의 인격적 입장, 시의 품질, 영혼과 정신적인 차원을 담는 시가의 인문적 정신을 포함해야 한다고 생각해 왔다." 연작시 「영혼 만가」는 종이를 꿰뚫는 힘을 지닌 작품으로, 샤오샤오가 현대인의 영혼을 위하여 읽어주는 '대 저주'이다. 여기에서 시인은 시종 영혼의 나무 밑에 서서 모든 것에 대해 질문하면서 삶과 영혼 중에 어느 쪽이 더 무거운지를 생각하고 있다. "갈수록 많은 고난이 말을 하고/ 갈수록 많은 거짓말이 복사꽃 같은 아름다운 모습으로 귀를 가득 찔러 온다/갈수록 많은 허상들이 눈으로 날개를 펴고/갈수록 많은 썩은 것들이 어두움의 목을 조여 온다……갈수록 많은 고통들이 매 사람들의 몸과 뼈와 피로 뚫고 들어오고/갈수록 많은 바이러스들이 죽음의 무게를 더해 가고 있다/오로지 영혼만이 갈수록 가벼워지고, 갈수록 가벼워져/살 속으로 들어간다"(「오직 영혼만은 아무 가진 것이 없네」) 현시대에 살면서 사람들은 각종 유혹에 직면해 있다. 금전, 명예, 권력 등등, 영혼은 수시로 욕망 앞에서 무릎을 꿇고, 심지어는 일격에 무너진다. 사람들의 지갑이 점점 두둑해지고, 집 안에는 집기가 없는 것이 없으며, 물질적으로 극대화되고 더 부유해지니 동시에 점점 더 무거워진다. 오직 영혼만은 점점 가벼워지고, 가벼워져서, 텅 빈 채 아무것도 없게 되는 것이다! '살 속으로 들어간다(入肉)'는 이 시 전체의 신이 내린 한 구이다. 시인은 중국어의 의미와 구조의 풍부함을 이 부분에서 극적으로 발휘하고 있다. 표면적으로는 시인이 가장 가볍고 차가운 서술로 모두 소모된 소리 없는 무성 화면을 틀어주는 듯했고, 더 깊은 측면에서 보면 시인이 매복시켜 놓은 언어의 엄청난 폭발력까지 보여주고 있다. 도덕이 집단으로 윤락한 시대에 시인의 분노는 형언할 수 없을 정도에 이르러 자신도 모르게 마음속 깊은 곳에서 거칠고 날카로운 중국에서 가장 심한 욕설을 내뱉었다. '씹할!' '하릴없이 바쁜' 것은 우리 일상생활에서의 진실된 풍경이다. "뜨거워진 지구는 빨리 돌이기니/사람들은 꿀벌보나 더 바쁘네/아침부터 저녁까지 말 없는 보따리를/꽃가루처럼 어깨에 메고/좌절 속에 분노하고, 슬퍼하고, 발광하네/물질과 욕망은 이리저리 날고, 얼굴에 웃음을 피우지만/한 번도 영혼에 머물 생각은 안하고/잠깐 숨을 돌리네/영혼이라는 이 차가운 걸상(「영혼이라는 이 차가운 걸상」) 영혼은 진즉에 현실에 의해 잠들어 버리고, 벌써 육신을 떠났다. 시인은 '신이 죽은' 뒤에 모든 가치가 재평가되어, 가치 추구가 다양해지고 믿음이 무너진 시대에 영혼은 인간 몸 이외의 물건이 되고, 포스트모던의 카니발과 오락은 삶의 표상에 지나지 않게 되지만, 고난과 고독은 여전히 우리가 잊을 수 없는 사실임을 깨닫고 있다. 마치 「영혼에서 행복 찾기」에서 말한 것처럼 "영혼이 눈을 감기만 하면 고난은 잠들어 버린다." 영혼이 없다면 인간도 좀비처럼 존재할 수밖에 없는 것이다.

2. '불'과 '얼음'의 이중 변주 속의 언어

남방 출신인 샤오샤오는 북방에 와서 눈과 인연을 맺었고, 러시아 시인 안나 아흐마토바, 마리나 츠비타예바와는 '영혼의 자매'가 되었다. 그녀의 시에는 종종 눈, 겨울, 얼음, 차가운 바람과 같은 차가운 이미지가 등장한다. 그녀의 시를 읽으면 마치 눈과 얼음 속에 있는 것처럼 차가운 바람이 뼛속에 스며드는 것처럼 느껴지지만, 그녀 시 속의 언어는 전반적으로 독자에게 불처럼 뜨거운 느낌을 준다. 단어와 단어 사이의 관계는 움직이는 것이지 절대 규칙적이거나 논리적인 것이 아니다. 바로 이런 불과 얼음의 이중 변주 속에서 그녀의 시는 언어와 감정 사이에서 내적인 장력을 형성하고 있다.

'눈'은 의심할 여지없이 그녀의 시에서 일관되게 등장하는 이미지로, 샤오샤오는 특별히 '눈'을 편애하는 것 같다. 초기 시에서 시인의 '눈'에 대한 묘사는 특히 눈에 띈다. "큰 눈 속에 날아 내려온 비단/내가 바람 따라 불어 보낸 어떤 운명 한 자락/고통을 감추고 살아온 일생/한 잎 한 잎 떨어지는 눈송이처럼/떨어지는 자태, 죽음에 가까이 간 입맞춤"(「큰 눈 속의 비단」)

"이 겨울은 고요하고 거만하네/모든 얼음과 눈은 높은 곳에 떨어지고/하얗고 하얗네/내 바람받이에 서 있으니, 마음이 위로 상승하네."(「겨울」) "모든 얼음과 눈은 높은 곳에 떨어지고" 시구는 개인적인 상상과 경험이 다분한 글쓰기로 과거

눈에 대한 우리의 인식을 새롭게 했다. 이전에 우리가 보았던 눈은 대부분 땅에 떨어지거나, 나무에 떨어지거나 했다. 우리의 안경은 좀처럼 높은 곳을 쳐다보지 않았지만, 샤오샤오는 우리에게 눈이 높은 곳에 떨어질 수 있고, 높은 곳에 떨어진 눈을 보면 우리는 마음의 상처와 영혼의 비상을 볼 수 있다고 알려주고 있다. 사실 눈에 대한 샤오샤오의 깊은 사랑은 시인이 정신적인 순수함과 언어의 순수함을 추구하고 있다는 것을 보여준다. 최근의 시 역시 눈에 대한 서사를 이어가면서 시인이 정신적인 면에서 의도적으로 겨울을 향해 다가가고 있다는 느낌을 준다. 이로 인해 '겨울'은 그녀의 영혼의 안식처가 되었다. "중압감을 이기지 못한 사람이/밤중에 꽃을 찾는 방식으로/나의 혼을 앗아갔네. 누군가 다친 마음을 가지고/빨리 겨울로 돌아갔네/가자, 욕망의 발톱은 상처에 매달려 있네"(「나는 서서히 죽어가고 있다」) "그녀의 아픈 마음은 불타고 있지만, 불꽃이 없네/한밤중에 운명이 먼 곳으로 차인 것을 보고/눈을 감고 그 끝맺음을 기다리며/눈꽃이 진흙 아래에서 날카롭게 부르짖는 것을 듣네"(「영혼이란 이 차가운 결상」) 샤오샤오의 펜 끝 아래 '눈'은 시인 자신에 대한 은유인 것 같다. 고결함, 순수함. 그것은 시시각각 이 영혼이 없고, 인간성이 결여된 세상에 대해 저항하고 있다. 진흙 밑에 매몰되는 것은 숙명일 수도 있지만, '눈송이'는 침묵하지 않고, '진흙 밑에서 비명을 질렀다.' 샤오샤오 시의 차가운 이미지 속에서 우리는 시인의 현실에 대한 관심, 형이상학적인 사고를 느낄

수 있는데, 이 영웅 없는 시대에 대한 애도나 포스트 파쇄 시대 사랑에 대한 우려 면에서 샤오샤오의 시는 진정으로 인간 영혼의 깊은 곳까지 이르렀다고 할 수 있다.

또 샤오샤오 시에서는 언어를 다듬는 열정과 예민함을 드러내고 있다. 그녀의 시는 '단어의 뿌리로부터 발음한다'. 시인이 「산소」라는 시에서 말했듯이 "마치 어떤 어근이 시에 도달하지 못하고/충분한 산소에 의해 소모되듯이/오로지 소박한 언어만이/혈액처럼 우리 내심에 스며든다." 시인은 어떤 어근은 마음 깊은 곳에 도달할 수 없다는 것을 분명히 깨달았지만, 언어의 순수함을 향한 노력은 포기하지 않았다. 그녀는 "시의 진정한 정신적인 순수함은 오로지 단어의 정신적인 순수함과 단어 생명의 본래 의미 면에서 추구해야지 순수 기교적인 측면을 추구해서는 안 된다."라고 말한 바 있다. 그리하여 우리는 샤오샤오의 최근 시가 단어 선택에 있어서 날로 성숙해짐을 발견할 수 있다. "어떤 영웅이 뼈에서/ 산소를 꺼내고, 심하게 다친 내상을 끄집어냈다."(「마음속에 연기가 있다」) 약간의 초현실적인 서술을 통하여 독서의 '낯설게 하기'를 조장하였다. '산소'는 일반 공기보다 더 순수하고, 불순물이 더 적어서 더욱 강한 힘을 지닌다. 이 밖에 "시월은 이빨 사이로 씹혀 부숴지고/가을은 기만의 허리띠를 풀며 더 매섭고 몰인정해지네."(「시월은 이빨 사이로 씹혀 부서지고」), "손을 내밀어 만져보니, 아픔과 한 가닥 죽음의 푸른 연기는/손끝에서 이마까지 올라오고/가을의 죽은 껍질은 겨울의 얼굴 위에 떨어지네"(「아픔과 한 가닥 죽음의 푸른 연기」) 이런 시구는 기교면에서 모두 뜻밖의 높은 수준에 도달했다.

3. '아픔'과 '행복'이 교차하는 정신적 방향

샤오샤오의 시와 오늘날의 시를 비교하여 갖는 의의는 그녀는 시종 아픔을 무릅쓰고 마음의 순수함을 추구한다는 점이다. 그리하여 그녀의 시에는 '아픔'이 반복적으로 나타나고 있고, 그녀의 시는 도처에 상처투성이다. "여기를 지나가면 피는 내 아픈 곳에서/흘러 나무의 열매를 붉게 물들이네/ ("기후 속의 여인」) "아름답고 감명 깊은 비상이듯이//슬픔에서 슬픔으로 난다/상처에서 자양분을 얻은 여인이/상처의 빛 속에서/당시라는 연지와 송사라는 눈썹연필로/화장 짙게 하고, 성숙하게 철들 때까지······"(「상처받은 나비」) "나 홀로 정신적인 유랑을 하게 해 주오/팽창하는 고통 속에서 성장하리니"(「이 중의 폭풍우」) 이런 아픔은 시인에게는 마치 타고난 천성인 것 같다. 매 번의 아픔은 모두 지난번에 대한 '부정의 부정' 이어서 더욱 충격적이다. 샤오샤오는 이렇게 말했다. "만약 아픔이 특별한 미학을 위하여 반복적으로 흐르지 않는다면 그 상처는 무의미하다." 표면적으로 봤을 때, 샤오샤오의 반복적인 '아픔'은 여기에 중점을 두는 것 같지만, 실은 그녀는 이미 '아픔'에 관한 광장이나 학교에 들어갔다. '아픔'에 대한 반복적인 읊조리기 속에서 밀란·쿤데라와 같은 '현기증' 주제가 나타나고 있다. 끊임없이 '아픔'을 복습하는 과정 속에서 작가의 정서를 발산하고, 독자들의 정신을 심화시키고 정제하는 동시에, 「뒤돌아보지 않고 끝까지 나가리」(사랑으로 남쪽 벽에 부딪치리라 用愛撞擊南墻)와 같은 시는 사람들에게 영혼의 떨림을 준다.

> 약속한 날짜에 도달하기 무망함과 고독함
> 여전히 계속되지만, 뒤돌아 보지 않고 끝까지 나아 가리라
> 더욱 많은 시간 허파의 열과
> 심장의 불 속에 서서히 시달리겠지만
> 나는 이미 피로 촉촉하게 습하게 하는 데 익숙해져
> 연금술 같은 단어 하나하나로
> 이 시대가 나쁘게 만든 시를 정성 들여 먹여 키우리라

설령 '무망'하고 '고독' 해도, 그녀는 한결같이 내심의 것을 지키고, 영혼의 깊은 곳으로부터 부르는 소리에 귀를 기울였다. '뒤돌아 보지 않고 끝까지 나아 가리라.' 머리에 피를 흘려도 그녀는 용감하게 나아갔다. 이로써 생명의 악몽에 대한 시인의 절망적인 수호를 보여주고 있다.

그러나 샤오샤오의 시는 단지 아픔과 고난에 대한 쓰기에 그치지 않았고, 깊이 있고 감동적으로 '행복감'을 써낸 시인으로 그녀의 시는 '죽음에 이르렀다가 다시 살아난' 느낌을 준다. 「겨울」이라는 시에서 '나'는 망망한 얼음과 눈 속에 있을

때, 기이한 아름다움과 정신적인 환각, 그리고 영혼의 깊은 곳에 가득 찬 격정을 느낀다. "내가 날씨를 잘못 인식했는가/눈 쌓인 나무에 배들이 가득 자라서/예전과 같이 감미롭고 향기롭네/많은 것들이 미친 듯이 좋아하며/현재 살고 있거나 죽은 것에 감사해 하네/이 얼마나 우연스럽고도 뼈에 사무치는 행복인가/새하얀 변두리에/내 평생의 꽃잎이 갑자기 사라지네." 이것은 '행복'에 대한 자기 식별이며, 시가의 참뜻을 탐구한 후, 자기도 모르게 행복감을 표현하고, 인생의 참뜻에 가까운 깨달음이다. 오튼의 시에서 말한 것처럼, 그들은 저주를 포도주로 빚는다고 했는데, 샤오샤오의 시에서는 "눈 쌓인 나무에 배들을 가득 자라"나게 했다.

샤오샤오는 한 인터뷰에서 이렇게 말했다. 나는 죽음과의 만남에서 더 깊이 있는 부분을 느꼈는데, 그것은 바로 감사이다. 시는 항상 사람들에게 무언가를 주는데, 그것은 바로 정신적인 위안이라고 생각한다. 설령 죽음과의 만남 중에 있더라도 "하늘의 술잔과 꽃에서/그대들에게 입맞춤하네"(「죽은 천사」 중) 인류에게 사랑을 줘야 한다. 주목해야 할 점은 내가 여기서 사용하는 것은 '당신들'이지 '당신'이 아니다. 왜냐하면 '당신'이 지향하는 것은 단방향이지만, '당신들'은 전 인류를 지칭하기 때문이다. 시인이 굳이 영혼 속에서 행복을 찾아 외롭게 칼끝에서 춤을 추는 이유를 이해하기는 어렵지 않다. "고난을 화롯불 속에 집어 던져 고독으로 술을 데우고/펭귄이 나는 것을 연습하다 넘어지는 것처럼/고통과 어쩔 수 없는 디테일 속에서/운명적인 큰 눈을 받아들인다/욕망, 현생을 향해 치달리니/도덕은 바람을 맞아 와해되고, 인간 세상은 혼란에 빠진다/부유하는 먼지에 부딪힌 영혼 하나/다시 한 번 칼끝에 걸리니/매일 밤마다 의외로 예민해지고/매 새벽마다 예리하기 그지없구나"(「영혼에 의해 추격당한 사람」)

그리하여 샤오샤오 시에서 드러나는 '아픔'과 '행복감'에는 시가의 정신을 함께 구성하는 또 다른 내면의 장력이 존재한다. "당신의 고난을 견지하는 것이 당신의 고귀함을 지키는 것"이라는 말은 시인이 러시아 여시인 츠비타예바에게 바치는 시구인데 이 말은 또한 우리 동시대의 시인들과 함께 격려의 말로 간주하고자 한다. 이 시가 없는 시대에, 시에 대한 샤오샤오의 집요한 자세와 영혼에 대한 굳센 수호는 우리 시대의 거울이며, 그 속에서 우리의 왜소한 영혼과 참담한 존재를 비춰준다.

[참고문헌]

주광첸朱光潛, 『시론』 구이란: 광시사범대학출판사, 2004년

란디즈藍棣之, 『현대시이론: 연원과 동향』, 베이징: 칭화 대학교 출판사, 2004년

왕광밍王光明, 『현대 한시의 백 년 간의 변천』, 스찌아 좡: 허베이 인민출판사, 2003년

탕샤오두唐曉渡, 『탕샤오두 시학논집』, 베이징: 사회과학 출판사, 2001년

■ 옮긴이의 말 ■

고통과 우울, 그리고 어떤 희망

박재우

 필자는 근 10년 전부터 현재의 중국과 중화권 시인들에 대해 『중국 당대 12시인 대표시선』, 『빅토리아만을 지나며』(홍콩 문학선집3-시가)도 편역 출간하고, 『2017 한중일 시인축제 기념 문집』의 중국어 번역에도 참여하며, 중국과 한국 시인들을 초청하여 한중시가낭송회도 근 10차례 개최하는 등 한중 시가 교류에 각별한 애정을 갖고 활동해 왔다.
 그렇지만 우리나라와는 역사적 배경도 다르고 정치와 사회 문화, 그리고 언어적 상황도 다른 현재의 중국이나 중화권 시인들의 시를 한국에 소개할 때면, 항상 걱정이 앞서곤 한다. 중국과 중화권에서는 유명한 시인이지만 한국 독자들은 과연 그들의 시에 대해 공감을 갖고 받아들일 수 있을까? 평자들로부터 제대로 평가를 받을 수 있을까? 근 10년간 한중시가

낭송회를 조직해 온 것도 학생들에게 한중 시가에 대한 이해도를 높이면서, 아울러 이 공감대를 넓혀 보자는 취지에서의 자그마한 시도였다고 할 것이다.

중국의 고금 산문과 현대 소설에만 주로 관심을 갖고 연구와 번역을 하던 필자가 중국 당대 시인들의 시를 직접 번역하게 된 계기는 2010년 9월 베이다오가 제1차 창원 KC국제시문학상을 수상하게 되면서 직접 이메일로 낭송할 시 3수의 한국어 번역본이 필요하다고 연락이 와서 번역에 착수하게 되면서부터이다.

그 때부터 중국 당대 시들에 관심을 갖고 읽기도 하고 번역도 하고 강의도 하고 연구도 하기 시작하게 되었는데, 몽롱시 이래 중국 당대 주류 시인들의 시는 기본적으로 모더니즘적인 성향을 깔고 있어, 난해한 어휘와 어구를 구사하는 게 일반적이어서 번역에 어려움이 적지 않았다. 그러나 자주 읽다 보면 시인이 처한 내외적 상황과 시인의 표현하고자 하는 바가 넌지시 혹은 복합적으로 다가오곤 했다. 그 미묘한 이미지를 표현하기 위한 우리말이 궁색하게 느껴진 적도 적지 않았다.

물론 중국 당대 시에는 언어의 유희나 언어 기술의 점철로 느껴지는 시들도 적지 않다. 그런데 필자가 중국 당대 시가를 번역하기로 결심하게 된 것은, 어떤 특정 시인들의 시에서 나름대로의 진정성을 발견하면서부터이다. 오늘날 글쓰기 금기가 많은 중국에 있어 작가들은 일반적으로 어떻게 하면 금기에 저촉되지 않을까 하는 문제에 대해 본능적인 대응을 하고 있어 보인다. 난해한 방식으로 포장하거나 우회적인 방식으로 표현하기는 데 능하다 할 것이다. 그렇지만 어떤 시인들의 경우는 문제에 대해 좀 더 대담하게 좀 더 직접하게 그 본질을 직시하고 어떻게든 고뇌어린 시어로 그를 담아내려는 것 같다.

여기에 소개하는 중국 시인 샤오샤오는 이런 의미에서 자신의 시를 통해 남다른 모습을 보여주고 있는 것 같다. 필자가 교류하며 지내는 적지 않은 중국 시인들 가운데 그녀처럼 고통과 슬픔의 운명적인 체험과 정서에 바탕하면서 사랑에의 희망을 잃지 않고 진정성을 담아내되 수사력 있는 정련된 시어로써 자신만의 독자적인 시 세계를 구축하고 개성 있는 목소리를 내는 시인도 드물다고 할 것이다. 샤오샤오는 아마추어 시인이 아니다. 전문적인 시 쓰기와 시적 활동을 업으로 삼고 있는 프로 시인이다. 어떤 측면에서 중국에서는 어떤 시인은 전문적인 시 창작과 시적 활동만으로도 생존하고 생활할 수 있다는 것을 필자에게 깨우쳐준 경이적인 시인이기도 하다.

필자는 작년 6월 북경외대에 초청받아 체류할 때, 샤오샤오 시인과 많은 대화를 나눌 수 있었다. 자신의 내심을 진솔하게 잘 드러내지 않는 중국 소설가나 시인으로부터 자신이 살아온 이야기를 이렇게 솔직하고도 담담하게 듣는 것은 드문 일이었고 기꺼운 일이었다. 중국 시인들의 삶과 내면세계를 이해하는데 도움이 되었고, 보다 많은 공감을 이루게 되었다. 물론 중국에는 인구도 엄청 많고 시인임을 표방하는 사람도 아주 많다. 어떤 한 시인이 진정한 시인일 수 있을까 하는 문제는 보는 시각에 따라 많은 차이가 있을 것이다. 샤오샤오 시인의 고집 센 진정성에 대한 발견은 중요한 소득이었다. 그리고 자신의 사상과 감정을 중국어의 특성을 살려 예술적인 표현으로 가다듬는 노력과 성취 역시 일반 시인들이 흉내내기 어려운 만만치 않은 저력이 느껴졌다.

샤오샤오 시인은 2017년 9월 평창 한중일시인축제에 참가하게 되면서 시 「낮은 곳의 찬란함—바오투취안에게」에 대한 낭송을 통해, 그리고 밤 축제에서 시춤詩舞을 선보이면서 우리 시단에도 알려지기 시작했다. 기실 샤오샤오 시인은 시와 춤, 그림의 세 가지에 능하다. 춤과 그림은 차치하고 시에 국한시켜 이야기한다 해도 우리에게 알려진 것은 이 시인의 시의 편린에 불과하였다. 그 후 몇 차례 교류를 더 거치며 샤오샤오 대표 시집을 한국에 번역 소개 해야겠다는 생각이 들게 되었다. 필자에게 이런 생각이 들고 실행에 옮기게 된 것은 중국 시인 개인 시집으로는 처음이다. 죽음과 삶, 고통과 우울함, 그리고 어떤 희망이 교차하는 중국의 현실 세계와 자연을 한 시인의 개체적인 삶으로 감내해 온 무게와 감성이 느껴진다. 티베트 불교와 현실과의 접목을 화두로 삼은 여러 편의 시들, 중국 변방 소수민족 사람들의 삶과 사회적 약자에 대한 따스한 시선, 중국 역사에 대한 어떤 선문답 같은 비판적 고찰 등은 한국 독자들도 어느 정도 공감할 수 있지 않을까 싶은 생각도 한 몫 하였다. 한국에 잘 어필되지 않은 않는 것으로 알려진 일반적인 중국 현대 한국어 번역시들과 달리 한국 독자들이 사랑할 수 있는 시도 여러 편 포함되어 있으리라 생각된다.

시집의 저본은 4부로 이루어진 『샤오샤오의 시瀟瀟的詩』(장쑤江蘇 봉황문예출판사, 2017)로 하였으나 약간 취사를 하였다. 서시는 시인의 지지를 받아 2017년 한국에서 열린 한중일 시인 축제에 참가한 경험을 바탕으로 서울을 소재로 쓴 시 2수를 배치하였다. 번역은 샤오샤오의 시적 개성과 운치가 살아날 수 있도록 최선을 다했으나 부족한 곳은 독자 여러분의 질정을 바란다.

그리고 한국 독자들이 샤오샤오 시 세계의 핵심 맥락과 키워드를 이해하도록 돕기 위해 시인이 전해 준 중국 시평론가 팡둥의 해설 「칼끝 위에서 춤추는 시인— 샤오샤오 최근 시의 인상」을 번역해 실었다. 아울러 어려운 여건 속에서 중국 시인 시집의 번역출판을 추진해 주신 최동호 선생님과 서정시학사 최단아 대표님께 감사의 말씀을 드리고자 한다.

2019년 11월 11일
서울 수인재에서 역자 박재우

샤오샤오潇潇 시인, 화가.

"중국현대시편년사총서" 주편, 『대시가』, 『칭하이후靑海湖 국제시가 특별호』 집행 주편.

1993년 중국현대시편년사총서 『전몽롱시전집』, 『몽롱시전집』, 『후몽롱시전집』, 『중국당대시가비평전집』을 주편했다. 출판된 시집으로는 『나무 아래 여인과 시가』, 『발끝으로 서는 시간』, 『슬픔보다도 더 슬픔』 등이 있다. 작품은 독일어, 영어, 스페인어, 일어, 불어, 한국어, 베트남어, 이란어, 아랍어, 벵갈어, 루마니아어 등으로 번역되어 해외의 잡지에 발표되거나 단행본으로 간행되었다. 회화 작품은 "중국 당대 시인 예술전", "중국 당대 문인 서화전" 등에 출품, 전시되었다. 장시 「다른 세계의 슬픈 노래」는 1990년대 여성문학의 대표작의 하나로 인정되었다. 일찍이 "탐색시상", "중국제삼대시가공로상", "원추안汶川지진구호 활동 우수지원자상", "제2회 중국 시극장·시가상", "제1회 낭독자 시가 성취상", "『현대청년』 2013년도 인물·최우수청년시인", "제5회원이뒤聞一多시가상", "2015 중국 실력파 시인상" 등을 수상하였다. "2016년에는 루마니아 투도르 아르거스상 전통 국제문학상"을 수상하였는데 이 상은 아시아 시인으로서는 최초로 받은 것으로 동시에 루마니아 명예시민증도 수여 받았다. 2017년에는 "백년 신시 특별 공헌상"과 "『시조』 잡지 2017년도 시가상", "『북경문학』 시가상", "중국 시가망 아주 좋은 시가상 1등상"을 수상하였다.

옮긴이 박재우朴宰雨, Park, Jaewoo

서울대학교 중문과를 졸업한 후 대만대학 중문연구소에서 석박사학위를 취득했다. 한국외대 중국언어문화학부에서 36년간 봉직한 후, 현재 한국외대 명예교수로 대학원에서 강의하며 석박사논문 지도를 맡고 있다. 매년 북경외국어대학교 등의 고급전문가로 초청받아 강연을 다니고 있다. 한국외대 중국어대학 학장, 대학원장, 한국중국현대문학학회 회장, 한국중어중문학회 회장, 국제루쉰연구회 회장 등을 역임하고 현재 세계한학연구회(마카오) 이사장과 중국사회과학원 계간지 『당대한국』 한국 주편, 한국세계화문문학협회 회장 등을 겸하고 있다. 북경대학 등의 교환교수를 역임하고 푸단대학, 난징대학, 홍콩중문대학, 대만대학, 일본 동경대학, 말레이시아 남방대학, 인도 네루대학, 미국 하버드대학, 폴란드 바르샤바대학, 영국 노팅엄대학 등 세계 50여 대학의 초청을 받아 특강한 바 있다. 국제학술회의를 100여 차례 조직하기도 했고 특히 한중시가 낭송회를 10차례 거행한 바 있다. 논문과 학술 발표가 200여 편, 저서에 『사기한서비교연구』(중문)와 『20세기 중국 한인제재소설의 통시적 고찰』 등 공동저서 포함 60여 종이 있고, 번역서로 『중국 당대 12시인 대표시선』(베이다오, 수팅 등), 『만사형통』(모옌, 테닝 등), 『2017 한중일 시인축제 기념문집』(공역) 등 공역 포함 20여종이 있다.

지은이: 샤오샤오瀟瀟
중국 쓰촨성 청두成都 출신의 중국 대표 여성 시인 겸 화가.
『중국 현대 시 편년사 총서』주편. 시집 『나무 아래 여인과 시가』
『슬픔의 속도』등 여러 권이 있다. 시집들이 세계 여러 언어권으로 번역되었다.

옮김이: 박재우朴宰雨
충청남도 금산 출신. 한국외대 중국언어문화학부 명예교수로 대학원에서 강의하며 석박사생을 지도하고 있다. 중문학자, 번역가, 산문가. 『중국당대12시인대표시선』 등 중국 현대시를 다수 번역.

서정시학 세계 시인선 009
슬픔의 속도
───────────────────────────

2019년 12월 04일 초판 1쇄 발행

지 은 이 · 샤오샤오
옮 긴 이 · 박재우
펴 낸 이 · 최단아
펴 낸 곳 · 도서출판 서정시학
인 쇄 소 · 상지사
주   소 · 서울시 서초구 서초중앙로 18, 504호 (서초쌍용플래티넘)
전   화 · 02-928-7016
팩   스 · 02-922-7017
이 메 일 · lyricpoetics@gmail.com
출판등록 · 209-91-66271

ISBN 979-11-88903-36-8   03820

계좌번호: 070101-04-072847(국민은행, 예금주: 최단아)

값   14,000원

* 잘못된 책은 바꾸어 드립니다.

이 도서의 국립중앙도서관 출판예정도서목록(CIP)은 서지정보유통지원시스템 홈페이지(http://seoji.nl.go.kr)와 국가자료공동목록시스템(http://www.nl.go.kr/kolisnet)에서 이용하실 수 있습니다.(CIP제어번호: CIP2019047946)